高校篮球运动教学与训练的指导及优化

纪德林　著

北京工业大学出版社

图书在版编目（CIP）数据

高校篮球运动教学与训练的指导及优化 ／ 纪德林著
. — 北京 ： 北京工业大学出版社，2020.6（2021.11 重印）
ISBN 978-7-5639-7550-1

Ⅰ．①高… Ⅱ．①纪… Ⅲ．①篮球运动－体育教学－
教学研究－高等学校②篮球运动－运动训练－教学研究－
高等学校 Ⅳ．① G841.2

中国版本图书馆 CIP 数据核字（2020）第 117430 号

高校篮球运动教学与训练的指导及优化

GAOXIAO LANQIU YUNDONG JIAOXUE YU XUNLIAN DE ZHIDAO JI YOUHUA

著　　者：	纪德林
责任编辑：	郭志霄
封面设计：	点墨轩阁
出版发行：	北京工业大学出版社
	（北京市朝阳区平乐园 100 号　邮编：100124）
	010-67391722（传真）　bgdcbs@sina.com
经销单位：	全国各地新华书店
承印单位：	三河市腾飞印务有限公司
开　　本：	710 毫米 ×1000 毫米　1/16
印　　张：	12
字　　数：	240 千字
版　　次：	2020 年 6 月第 1 版
印　　次：	2021 年 11 月第 2 次印刷
标准书号：	ISBN 978-7-5639-7550-1
定　　价：	52.00 元

前　言

　　篮球运动作为世界上最受欢迎的球类运动之一，在各个方面都已经十分成熟。尤其在近20年来，我国涌现出一大批优秀的世界级篮球运动员，如姚明、王治郅、孙悦、易建联等。篮球运动因其具备强烈的竞技性和独特的运动风格得到了许多人的追捧。许多高校也越发重视对篮球运动员与篮球相关人才的培养，加强了对高校生篮球兴趣的培养和篮球技巧的训练。高校教育的这一举措也十分符合我国的全民健身政策，在培养篮球人才的同时也提升了学生的身体素质。

　　篮球运动的起源可追溯到19世纪末期，在之后的时间里，篮球运动不断发展，最终形成了竞技意味浓郁、场面精彩绝伦的各大篮球联赛。而随着NBA在世界的影响范围越来越广，篮球运动的商业化也越发成熟，尤其当我国也拥有了自己的篮球联赛之后，无数的高校学生便将自己的职业规划与篮球结合起来。近些年来，我国篮球联赛体系已经趋于成熟，篮球运动所产生的经济效应越来越明显，无论是政府、社会还是高校对于篮球人才越发渴求，人们对于高校篮球人才的培养工作也变得十分重视。

　　本书共六个章节。第一章为篮球运动的概述，分别从篮球运动的起源与发展、篮球运动的特点与作用以及当前我国篮球运动的发展现状三个方面对篮球运动进行阐述。第二章为高校篮球教学的基本理论，重点围绕高校篮球教学概述、高校篮球教学的原则与方法、新时期高校篮球教学的创新三个方面的内容展开论述。第三章为高校篮球运动的教学研究，依次阐述了高校篮球运动训练的基本内容、高校篮球运动训练的原则和方法、高校篮球运动技术的教学研究、高校篮球运动战术的教学研究四个方面的内容。第四章为高校篮球运动技术战术训练，分别从高校篮球运动技术训练和高校篮球运动战术训练两个方面入手展开详细研究。第五章为高校篮球教学优化指导，分别从高校篮球教学优化的理论基础、高校篮球教学优化的内容安排以及高校篮球教学优化教学操作手段三个方面对篮球运动进行阐述。第六章为高校篮球教学创新优化研究，重点围绕高校篮球教学中的信息技术应用、高校篮球教学中引入拓展训练的分析和高校篮球教学模式多样化的探讨三个方面展开论述。

在撰写本书的过程中，作者参考了大量的相关学术文献以及相关专业的著作，并得到了许多专家学者的帮助，在此表示真诚感谢。由于作者水平有限，加之时间仓促，书中难免存在疏漏之处，希望广大读者批评指正。

目　录

第一章　篮球运动的概述

本章将从篮球运动的起源与发展、篮球运动的特点与作用以及当前我国篮球运动的发展现状三个方面入手，对篮球运动进行深入的分析与探究。

第一节　篮球运动的起源与发展

一、篮球运动的起源

（一）篮球运动的概述

篮球运动集综合性、集体性、立体化等特征于一身，是一项高海拔运动员的攻防运动。现代篮球运动已逐渐发展成为一项集科技、教育、技能于一体的国际性竞技体育项目。它可以使人通过观看比赛达到愉悦心灵的目的，也可以使人通过练习锻炼身体，增强体质。它还可以培养一些有益于人一生的品质。现代的篮球运动是强者与强者之间的对抗，是追求更高、更快、更强的奥林匹克精神的重要体现。篮球运动具有严格的比赛方法及规则。人们鲜活的生命力在篮球比赛的过程中得到了充分的体现，国际间的篮球比赛更能体现出运动员自强不息以及为国争光的精神。从篮球的起源上看，它是在人类生存劳动的发展过程中产生的，因此篮球运动能够进一步反映出社会的进步与发展。

（二）篮球运动的起源

詹姆斯·奈史密斯是篮球的创始人。詹姆斯·奈史密斯出生在加拿大，后加入美国国籍成为美国公民。他年轻时在麦吉尔大学读书。毕业后，他在堪萨斯大学教体育。

从 19 世纪中期开始，欧洲地区劳动技术的生产和创新能力随着工业革命的发展得到了迅速提升。这时人们有了更多的闲暇时间。向往和追求新的生活方式已成为时代潮流。这些思想也引起了一些有远见的教育工作者和社会活动家的广泛关注和热情支持。于是，许多健康文明的运动会应运而生，并在世界各国流行起来。现代篮球运动就是在这样的社会背景下产生的。

那时，美国的冬天需要室内运动。詹姆斯·奈史密斯先生发明了"篮球游戏"，这个游戏的灵感来自工人和儿童用桃核投向桃篮的游戏。桃篮是工人为运输鲜桃而准备的竹篮。在比赛开始的时候，足球是用来代替桃子石扔到篮子里的。因此，在这项运动正式实施之前，奈史密斯先生把它命名为"篮球"。

詹姆斯·奈史密斯根据当时的实际情况，为篮球运动的设计提出了三个基本要求。

1. 保持文明的硬性要求

去除野蛮，以将人们对当时的体育运动（如橄榄球运动）中各种粗野行为的恐惧心理消除掉。

2. 不受外界因素影响的自身因素

新设计的运动应不受季节气候影响而可在室内和晚上进行。

3. 保证每个人的参与权及公平性

要不断改进训练内容和方法，让不同年龄、性别的人都能参与该运动。

在第一场篮球赛中，体育馆两端的栏杆上各绑一个桃子篮子，高出地面 10 英尺（3.05 米），足球被用来代替桃核。球进篮得 1 分，在比赛时间内得分多的那方是赢家。因为桃篮有底，每次投手都需要搭梯子拿球，这很麻烦。因此，篮子的底部被切断，直到它发展成现在使用的球篮。

综上所述，现代篮球运动是由游戏发展而来的，正是这个在当时看似有趣、可玩性很强的游戏，发展成了今天在世界范围内十分具有影响力的运动。

二、篮球运动的发展

迄今为止，篮球运动的发展已经有了一百多年的历史，在这一百多年的发展历程中，篮球运动在规则、战术、技术、赛事等方面都在进行不断的完善。

（一）篮球规则的发展

规则是用来保护和限制篮球技战术的，篮球技战术的多变运用促进了篮球规则的自我完善。篮球规则与篮球运动同时产生，相互补充、相互促进，反映了篮球运动从简单到复杂、从低到高、从古代到现代的发展过程。规则是从体育比赛中获得的，是从中抽象出来的定义，是对比赛的规定和违反规定者的处罚依据，也是给篮球运动员施加的一定限制。一般来说，规则的目的在于如果一个团队成员使用不合理的行为使另一个团队成员处于不利的地位，从而获得不正当的利益，那么他应该受到惩罚。从广义上讲，规则肯定和保护正确的技战术，允许和容忍合理的接触与表现，否认和惩罚违反规定的行为。篮球规则的制定与实施使得比赛能够在文明、公正、公平的环境下进行，鼓励人们在比赛中展现出团结合作、积极向上的精神，同样也规范了参赛者的行为，禁止比赛中的暴力式打法，使人们遵守体育比赛道德与纪律。在篮球运动不断发展与问题不断产生的过程中，篮球规则随之诞生。

《青年会篮球规则》于 1892 年由篮球创始人詹姆斯·奈史密斯创编而成。在这一规则中规定了赛场上人们运动的基本形式以及人与球接触的形式，具体规定为人在比赛过程中与球接触的身体部位只能是双手，抢球时参赛者之间不能发生过于激烈的身体碰撞，不允许拿球走或跑等。除此之外，该规则还对比赛用具、时间、场地、参赛人数、得分方式等进行规定，具体规定为以足球作为比赛用球，篮筐高度规定为 10 英尺（3.05 米），比赛共分为两个小场，每场 15 分钟，不限制比赛用地的大小和参赛的人数，每投进一球记 1 分，累积得分，每场比赛均配备裁判员。1893 ～ 1897 年，人们进一步充实了规则，简化了竞赛程序，规定了篮球比赛场地的大小主要包括三种尺寸，分别为：70 英尺 ×35 英尺（21.35 米 ×10.675 米）、90 英尺 ×45 英尺（27.45 米 ×13.725 米）、100 英尺 ×50 英尺（30.5 米 ×15.25 米）；对场地类型进行了规定，包括 5 人 2 区制场地和 9 人 3 区制场地两种；明确了场地分别，增加了分区线、罚球线、中圈和限制区；在比赛规则上做出了比赛开始的区域为中圈、参赛者违反规则后要进行罚球、罚球记分为每球 1 分、比赛过程中每球记 2 分等规定；在人员站位上出现了卫和锋的分工；场地工具开始使用木质篮板、铁质篮筐和接球带。1932 年，增订 3 秒、5 秒、10 秒和球回后场的规则；增画中场线和进攻限制区；多确定了球场面积为 26 米 ×14 米；规定比赛时间为 9 分钟一节，比赛共分两节。1936 年以后，正式确定每队上场比赛人数为 5 人，取消投中后在中圈跳球的规定，改由对方在端线外发球继续比赛。20 世纪 40 年代后，对罚球区进行了调整，其范围扩增到 3.6 米 ×5.8 米；规定队员 4 次犯规将取消比赛资格。由于篮球运动的特性，使得选拔出的篮球运动员身材高大，这样在 1956 年以后人们再一次对罚球区的大小进行调整，取消了篮球场地的中线，并将范围扩大为 5.8 米 ×3.6 米的梯形；限制了每次进攻的时间不得超过 30 秒，规定持球者在前场被严密防守超过 5 秒应判争球。20 世纪 70 年代以后，增加球回后场、控制球队犯规和全队 10 次犯规的规则；规定对投篮者犯规，在规定范围内投中则再额外给予一次罚球的机会，如果没有投中，便实行"三代二"罚球。20世纪80年代，"合法防守位置""垂直原则"等原则被纳入篮球规则之中。1984年，人们再一次对篮球场的大小进行调整，改为28米×15米，并对篮球场上空的高度进行统一的规定，即应高于7.5米，设立三分投篮区，增加全队每半小时7次犯规后执行1+1罚球的规则。

2010年，国际篮联对篮球规则进行了修改，三秒区由梯形变成了长方形，球场地面距天花板或最低障碍物的高度至少为7米，篮圈下沿距地面3.05米。

（二）篮球技术的发展

篮球规则的完善和发展在一定程度上促进了篮球技术的发展。篮球竞赛规则完善的目的在于对正确技术和战术的肯定，并促进比赛的良性发展；以及对错误技术和战术的否定，并限制和禁止非良性现象的进一步发展。正式的篮球规则只能在国际篮联世界大会上每四年修改一次。规则的每一次修订，都极大地促进了篮球技术的发展和提高，同时篮球技术与篮球规则相互影响，篮球技术的不断提升也在促使着规则的完善与发展，进而使篮球这项运动得到良好的发展。不同时期篮球规则的修改和技术的发展如下所示。

1894年，这一时期在篮球比赛开始和中篮后，均需要在场地中间进行跳球，运动员的相应技术动作因此得以发展，如双手抛球和单手大臂抢等技术动作出现。

1897年，对场上队员数量进行更改，开始实行"5人制"比赛，并规定处于卫、锋位置上的队员能够超越自身位置区域进行进攻或防守。这就意味着场上队员的活动范围更为广阔，这便使得篮球运动员朝着掌握全面技战术的方向发展。

1908年，首次对运动员的犯规次数进行明确的规定，要求对于犯规5次的运动员取消其参赛资格，并规定运球的运动员能够进行投球。这样的规定，促使了多种篮球运球技术的出现与发展，如换手运球、变向运球等，并逐渐发展出了背后运球、运球转身等技术。

1929年，"持球移动"的概念得到了明确，并在规则允许的范围内，促使持球技术不断发展。这使得各种持球移动和突破技术随之出现和发展，如迂回、变向、变速技术等。

1930年，"防人太甚"和"防球太甚"两个新名词出现，人们对于带球撞人做出了新的规定。这使得防守者得到了有效的保护，而同时也提出防守技术要求"垂直面"，促进防守技术向正确方向发展。

1932年，人们提出了控球队员在对方的限制区内的停留时间不超时的"3

秒"规定和"10秒"规定的新规则，"带球跑"这一新概念也在这一年被提出，明确了中枢脚的区分方法。这样的规则使运动员快速运球的技术得到了很大程度的提高，促进了中投与远投技术的发展。

1936年，人们规定在端线外投掷界外球时命中罚球或投球后不需要暂停，可直接继续进行比赛。这使得篮球比赛的对抗变得更加激烈，也促使扣篮技术出现。

1948年，将男子篮球规则应用到女子篮球比赛中，这使得女子篮球技术向"男性化"技术方向发展，并对限制区的范围进行调整，底部宽度由之前的1.8米增加到3.6米。篮球队内开始注重中投和远投技术的训练，跳投技术也在这一规则的改变下得到了快速的发展。

1952年，为了改善运动员全部集中在篮下进行对抗的现象，人们再一次对篮球场地限制区底部宽度进行调整，由之前的3.8米增加到6米，这使得比赛变得更加激烈，也促使身材高大的运动员加强了对技术动作的掌握。

1956年，"30秒"规则首次被提出，并对限制区的形状加以调整，使其成为梯形结构，对时间的规定使比赛的进程加快。对于各项技术的速度要求不断提高。

1960年，人们规定如果在决胜期或比赛的最后5分钟犯规，则给予被犯规队两次罚球机会，这样的规定促进了篮球进攻与防守技术的良性发展。

1972年，中线重回赛场，回场球的规定被提出，并增加了"10次"犯规与惩罚规定，这样的规定有效控制了篮球场上粗暴攻防技术的发展，"抢断球"技术因此得到了广泛的应用。

1976年，人们对罚球又做出了一定的规定，包括"三代二"和"追加罚球"，这提升了对于"封盖"技术的要求，各种投篮技术由此得以发展。

1980年，人们将之前的"10次"犯规进行调整，更改为"8次"，并提出了"5秒"违例的规定，对投篮犯规进行区分，分为投篮前犯规和投篮后犯两种形式，这样的规定促使篮球赛朝着多变的方向发展，促使防守技术多样化。

1984年，对场地大小进行调整，规定篮球场地应为25米×15米的长方形场地，场地内新增"3分投篮区"，在犯规规则上，新增"30秒累积"和"1+1"惩罚规则，并将"8次"犯规罚则下调为"7次"。这样的规则对运动员投篮的命中率有了更高的要求，促使运动员运球、防守、突破技术迅速提升。

1990年，赋予了裁判员更加公平的执法地位。例如，当掷界外球时，篮球需要经过裁判员递给运动员；对于判别错误的得分和罚球，裁判员有权进行更正。这样的规则使得篮球比赛更具对抗性，促使运动员技术全面发展。

1994年，人们对运动员间的传球和罚球做出规定和完善，队员之间进行传球时可将球置于篮筐水平面上方的高度进行传递。除此之外，达到"7次"犯规所规定的犯规次数之后的"1+1"变为两次罚球。这样的规则需要运动员具有较好的身体素质，如身高、弹跳等，同时对于投篮准确性的要求进一步提高。

1998年，手被视为球的一部分，并且规定在最后的2分钟中篮后停止比赛计时钟。这又进一步增加了比赛的激烈程度，鼓励运动员使用盖帽、打球等具有进攻性的防守技术。

（三）篮球战术的发展

篮球比赛中运动员所使用的进攻与防守方法共同构成了篮球战术，其是赛场上运动员个人技术有效运用以及队友之间团结协作、相互配合的重要组织形式。其目的在于使本队队员的技术得到充分的发挥，限制对方队员的进攻与防守，从而最终取得比赛的胜利。

篮球运动诞生初期，作为篮球游戏的这项运动根本无战术可言，从场地大小到上场人数多少都没有限制，也没有明确的规则，比赛中推人、拉人、撞人等粗野动作时有发生。

1892年，詹姆斯·奈史密斯制定了13条规则。

1893年，人们规定了上场参赛的人数为5人，参赛者每个人都有属于自己的位置与职责，包括左右后卫、左右前锋和中锋。规则的不断完善以及人员分工的不断明确，使得队员之间的战术配合随之产生。"快攻"战术是最为原始的进攻战术，但由于技术能力有限，在比赛过程中参赛者最先要考虑的是怎样才能将球拿到本队队员手中、中锋跳球时将球传递给哪位队员得分的概率更大等。人盯人战术是最为原始的防守战术，比赛中常采用的防守战术为"一线落位防守"，防守形式为队员在中线处依次排开，按照对方队员过中线的顺序来盯防自己的对手。

19世纪末到20世纪30年代，这一时期的防守方式属于联合防守队员之间以联合组阵的方式进行防守，5人一线、5人两线、区域联防。该方式在进攻方面属于站立式固定配合，因受到当时篮球规则的影响，在一定程度上限制了运动员技术的运用。阵地进攻配合往往是独立式的中锋定位掩护、固定配合以及人在球前、沉低运球进攻等配合。

20世纪30年代到20世纪60年代，这一时期的防守战术往往采用紧逼防守和人盯人防守，也就是我们常说的半场盯人和全场盯人。在进攻方面，行进间的固定配合开始出现在队员之间的配合之中，单手跳起投篮和运球技术由此开始出现，规则允许运动员在进攻的过程中突然跳起来进行投篮，这样的形式使进攻战术由原地向行进间过渡。这一时期还出现了"8"字进攻战术，轮式进攻配合也因此出现。随后进攻战术不断发展至换位进攻阶段，并在赛场上得到了广泛的应用。换位进攻战术是指在队员不断快速移动的过程中变换进攻阵型，使得进攻点和进攻面积增加从而使成功进攻的概率大大提高的战术。

20 世纪 60 年代到 20 世纪 80 年代，全面防守的技战术形式得到了快速的发展，全场区域紧逼、半场区域紧逼、3/4 场区域紧逼是防守技战术所采用的常用方式。

20 世纪 80 年代到 20 世纪 90 年代，防守的过程被运动员视为一个整体，各种防守战术在赛场上得到了综合运用。在进攻方面采用的是移动进攻的形式，队员之间进行着有目的的转移与配合，各种进攻与防守的基础配合在赛场上得到了灵活的运用，这是一种处于自由打法与固定配合之间的进攻战术形式。

20 世纪 90 年代至今，在这一阶段不再对职业运动员的参赛进行限制，他们能够重返奥运会赛场进行比赛。在第 25 届奥运会上，以乔丹、约翰逊等球员为代表的美国"梦之队"向世界展示了最高水平的篮球技艺，他们引起了国际篮球界巨大的轰动，展现出了篮球运动战术的多变性与实用性，彰显了篮球运动技艺的充实与完美。

在此基础上，针对运动员控制能力增强、空间拼抢激烈等状况，为了达到使比赛空间争夺更合理、更激烈、更安全、更具观赏性的目的，战术风格演变越发复杂，从 2010 年之后，以美国篮球为主的篮球运动开始向小球战术发展，形成了以快速的攻防转换和频繁、精准的外线出手为主的战术风格。

（四）篮球赛事的发展

奥运会篮球赛和世界篮球锦标赛是国际上的重大篮球比赛，除此之外，在各个国家地区还存在着区域性的篮球赛，在学生群体中还有世界中学生、大学生运动会篮球赛等，在国际范围内还有一些世界俱乐部、军队篮球锦标赛等篮球赛事。

1. 国际篮球联合会

国际篮球联合会（FIBA）由世界各个国家的篮球协会共同组合而成，是国际性的篮球运动组织，瑞士日内瓦是该组织总部的所在地。国际篮球联合会于 1932 年成立，直至今日，共有 213 个会员国家和地区。它的职责在于制定国际篮球球例，对比赛场地、设施及篮球规格等进行规定（如篮球筐的高度、篮球场的长宽度、禁区的大小、三分线的距离和比赛用球等），以及控制运动员的调动等。

2. 奥运会篮球赛

奥运会篮球赛参赛队伍的选取方法在每届奥运会上是有所差异的。2016 年里约热内卢奥运会篮球比赛是奥运会男子篮球比赛举办的第 19 届赛事、女子篮球比赛举办的第 11 届赛事。奥运会篮球赛每 4 年举办一次。

3. 世界篮球锦标赛

世界篮球锦标赛分为男子比赛和女子比赛，首届男子世界篮球锦标赛开始于 1950 年，在随后的第三年举办了首届女子世界篮球锦标赛。该比赛没有固定的比赛时间，一般情况下是每 4 年举办一次，每一届的参赛规定也是有所不同的。历届的参加办法不完全相同，如 2010 年男篮世锦赛有 24 支球队参加，奥运冠军和东道主直接获得参赛名额，然后通过资格赛，欧洲产生 6 支球队，美洲 4 支，亚洲和非洲各产生 3 支，大洋洲 2 支，最后再由国际篮联发的外卡中产生最后 4 支球队参加。除此之外，还有专门为残疾人开展的篮球赛，其中男子轮椅篮球比赛于 1973 年开始举办，女子轮椅篮球比赛于 1990 年开始举办。

4. 斯坦科维奇杯

斯坦科维奇杯是在中国举办的国际性篮球赛，是各大洲球队之间的比赛，是一场各国之间的交流赛。该赛事的首场比赛于 2005 年在北京举行，是为了表彰国际篮联秘书长斯坦科维奇先生为篮球的发展做出的巨大贡献而开展的，并以斯坦科维奇的名字来命名。

5. NBA

NBA 指的是美国职业篮球联赛，是国际上最负盛名的篮球比赛，于 1949年由美国两大篮球组织全美篮球协会（BAA）和美国篮球联盟（NBL）合并成立。NBA 的比赛分为两个阶段，即常规赛和季后赛。常规赛的持续时间是从 10 月份到次年的 4 月 20 日左右。季后赛的持续时间是从 4 月下旬到 6 月中旬左右，结束时间以最终冠军队伍产生为止。

常规赛采用主客场制，30 支球队在常规赛赛季共要进行 1230 场比赛，每个球队在常规赛中参加的比赛场次数都是 82 场。不过常规赛中各球队相互间的比赛场数不等。

同一联盟且同一赛区的球队之间进行两主、两客，共 4 场的比赛。不同联盟间的球队之间进行一主、一客，共两场的比赛；同一联盟不同赛区的两支球队间进行 3 或 4 场比赛，这一比赛数目各队不同，但可保证各队参加常规赛的总场次是 82 场比赛。

季后赛一开始是在两联盟内部队伍之间进行的，比赛对阵是依据球队排名编排的，具体为 1-8、3-6、2-7、4-5。季后赛为淘汰制，采用 7 战 4 胜制（2002年以前季后赛并非全部采用 7 战 4 胜制），哪支球队先获得 4 场比赛的胜利即可淘汰对手晋级下一轮。比赛采用 2-2-1-1-1 型原则（1985 至 2013 年总决赛的赛制是 2-3-2），四个主场将赋予常规赛胜率高的球队（2 主场 -2 客场 -1 主场 -1 客场 -1 主场）。季后赛总共分为四轮，总决赛亦属于季后赛一部分。NBA 目前拥有 30 支球队，分为东、西两个联盟，东、西各有 3 个赛区共 6 个赛区。

第二节　篮球运动的特点与作用

随着时间的推移，篮球运动也在不断地完善，并形成了独特的运动特征。篮球运动对运动员的个人技术有一定的要求，作为集体项目的一种，它对队员之间的技战术配合也具有较高的要求，同时运动员的身材及体能等方面都需要符合篮球运动项目特征，这有效提升了篮球运动员的技术、战术等各项能力。此外，在我们的日常生活中，篮球运动已经成了极为普遍的运动项目，在许多方面都显示出了篮球运动的价值所在。

一、篮球运动的特点

篮球运动是一项多人同场对抗型项目，是在遵守规则的条件下运用各种技战术，在队员之间团结合作、相互配合的基础上赢得比赛的运动。篮球比赛是一项竞技运动项目，双方球队以争夺篮球为中心，以进球为目的，在这样的运动模式下进行激烈的竞争。

跑、跳、投是人类的基本运动模式，篮球技术是由这些基本动作变化而成的，而战术体系则是由进攻和防守两个方面共同构成的。比赛中战术不是一成不变的，而是人们根据赛场上的具体情况及时做出相应的调整，以达到最佳的进攻或防守状态。多变性与复杂性是技战术应用的特征，也是运动员应变能力的重要体现。

在时代与社会的发展过程中，篮球运动得到了不断的完善，如今已经成为国际范围内一项科学的、普遍的、带有竞技性的体育运动项目，其不仅具有强健体魄的作用，更是体现出了人们对于奥林匹克精神的追求与向往。

篮球运动从被发明以来，得到了不断的完善与发展，如今篮球运动独具特色，已经成为人们日常生活中以及国际体育赛事中一项不可或缺的竞技项目。

（一）比赛的观赏性

观赏性是篮球运动的特征之一，它能够展现出人们内在的心灵和外在的形态。此外，当今众多篮球运动员已经成为人们眼中的明星，他们使篮球赛的观赏性在很大程度上得到了提高。赛场多变的情况以及运动员的喜悦与沮丧等深深映入观赛者的内心，这些也都同样反映出了篮球运动的观赏价值，这一特征也是篮球运动得以生存和发展的重要因素之一。例如，我们所熟知的 NBA 运动员乔丹等人，将篮球的技术发挥到了极致，他们的成功不仅只是依靠个人的篮球技术，更是将智慧融入篮球运动中的结果，是技术与智慧的双重体现，给观众以艺术的享受。

（二）运作的商业性

职业篮球运动员推动着世界篮球运动的发展。篮球运动的职业化程度也在各个国家不断加深，促使众多国家开办了本国的篮球职业联赛，其中，最具影响力的当属美国篮球职业联赛。在我国，篮球运动同样也在不断地完善与发展进程中，也创立了相应的篮球联赛——中国职业篮球联赛（CBA）。因此，大量的商业性篮球体育物品、活动和组织等不断涌现，如广告宣传、体育器材、体育彩票等，这些都表明商业性是篮球运动的特点之一，也是篮球运动未来发展的大趋势。

（三）组织的集体性

篮球运动是一项多人同场对抗的竞技项目，以获得比赛的胜利为最终目的，是在双方运动员激烈的争夺间进行的，运动员技术水平的不断提高也使得比赛的竞争性与对抗性变得更加强烈，这就要求运动员在拥有个人高超技术的基础上，还需要团队间的协调配合，将队伍视为一个整体才能够取得比赛的胜利。因此，集体主义精神是当前各篮球队所倡导的。

（四）运动技能的开放性

在赛场上，技战术应用的时机与条件对一次投球，甚至一场比赛来说是至关重要的。运动员位置、技战术应用时间以及各种外在因素都会对技术动作的组合结构产生一定的影响。比赛过程中的战术也是根据具体的比赛情况而灵活调整的，而不是一场比赛只运用一种固定的战术形式。只有将这些结合起来，才能将篮球运动的竞技能力显现出来。

（五）竞争的对抗性

篮球运动具有一定的对抗性，直接的身体碰撞是对抗性的重要表现，是篮球运动的一项基本特征和规律。身体间的对抗表现在有球队员与无球队员之间的对抗和争夺篮板球时发生的对抗，同时对抗还体现在两队教练员之间的策略使用以及运动员品质和思想等方面。对抗是竞技运动项目中的一种高层次表现，有利于促进运动员能力与意识提升，这也是构成现代素质教育的重要成分之一。

（六）篮球战术的多变性

篮球运动要求运动员通过双手来控制篮球，通过命中投篮，累积得分的方式决定比赛的胜负，并围绕取得比赛胜利为最终目的展开对抗。篮球技术多种多样，这使得篮球战术也呈现出多变性的特征。赛场上的情况受多种因素的影响，没有一定的变化规律可循，攻守立体型对抗方式是现代篮球运动的重要特征。一般看来，在赛场上使用固定的技战术难以取得比赛的胜利，战术必须依据赛场上的具体情况做出及时调整，这也是赢得比赛的重要条件之一。

（七）比赛的职业化

篮球运动的职业化发展离不开运动员体能、智慧和技战术应用水平的提升。20世纪末期，各大洲的职业篮球俱乐部逐渐涌现，NBA职业篮球运动员被允许参加各项比赛标志着现代篮球运动进入了一个新的阶段。直到现在，篮球运动职业化已经成为篮球运动的新特征，其也是一项全新的产业。

（八）运动的快速性

这一特点在篮球运动的规则上体现出来，规则规定一次进攻的时间不得超过24秒，这一规定在速度上对篮球运动做出了一定的要求。这就要求运动员在技战术衔接、攻防转换等方面都更加熟练，以控制场上情况。因此，个人技术、队员之间战术的配合等成为篮球队努力的方向。

（九）篮球活动的娱乐性

娱乐性在篮球运动众多特性中占据重要地位，是篮球运动最为原始的特征，也是篮球运动始终活跃于大众的日常生活之中的重要因素之一。因为篮球运动一开始是作为游戏而存在的，是一种常见的健身方式。

长期参与篮球运动对人们的身心健康具有一定的促进作用，并能够使人从中体会到自身价值，观看篮球赛能够使自己生活变得更加丰富多彩，并且同样能够从中获得快乐。

（十）运动的教育性

教育内容贯穿于篮球运动发展的全过程，所以我们可以很肯定地说，篮球运动对于提高人们社会素质、加强人们的相互交往以及增强人们的民族意识和国家荣誉的责任感都有一定促进作用。

篮球运动是一种集体性的训练和比赛形式，要想获得篮球比赛的胜利一定要靠队员之间的配合与协调以及教练员的战术运用。我们可以把这种战术动作的配合视作队员之间的一种道德情感、共同的荣誉感和责任感，当某一队员忽略了集体的荣誉感，一味地表现自己，影响了比赛的整体性必将会受到公众的批评。

（十一）知识的多元性

篮球运动具有不同于其他运动项目的理论体系与技战术体系，多元性与综合性是篮球运动的特点之一。直至今日，篮球运动的相关知识向各个方向不断延伸，涉及的学科范围也在不断地扩大，已经发展成为一门交叉性学科。这样一来，对篮球运动员和球队各方面的要求也是越来越高，如身体形态条件、心理品质、团队精神、道德作风等。

二、篮球运动的作用

篮球运动是一项全身性的运动项目，不仅能够给人带来愉悦感，还能够使人在激烈的竞技比赛过程中体会到紧张的感觉。其在增强体质、强健体魄方面也具有非常显著的作用，还能够激发人们的创造力与潜能。除此之外，篮球运动使人们的生活更加丰富多彩。在一定程度上，对人们的学习和工作效率起到了一定的作用，其社会性与休闲性又促进了经济的发展。篮球运动的作用具体表现在以下几个方面。

（一）篮球运动对人的心理素质的影响

1.篮球运动有助于提高健康幸福感

健康幸福感反映着人们的心理健康情况，是参与体育锻炼而产生的自尊、自信和兴奋的情绪与态度体验。相关研究表明，健康幸福指数与体育锻炼密不可分，积极参与体育锻炼对提高幸福感和健康指数起着非常重要的作用。我们不难发现，生活在我们身边的人，能积极参加运动训练的人比不积极参加运动训练的人更容易参加运动训练，他们自己的感受和评价都比较积极，而这种热情在女性身上尤为明显，造成这种情况的原因尚不清楚。这可能是由于体育锻炼所产生的情绪愉悦，也可能是女性在体育锻炼时的参与比男性更深入。

积极参加体育锻炼对幸福感有很大的影响，这可能有生理、心理和社会的因素，也可能是这三个因素共同作用的结果。我们需要特别注意的是，健康和快乐逐渐增加实际上与消极情绪的减少有关。相关研究表明，当人们参加体育锻炼 30 分钟后，其紧张、焦虑、愤怒等消极情绪会发生明显变化，人的精力会更加旺盛。

所以我们说，当一个人的紧张、焦虑、愤怒等负面情绪减少时，相当于健康和幸福指数增加。篮球运动过程中，个人技术的完美施展、队友之间的协调配合或是取得比赛的胜利等，都能够将参与者的自我欣赏激发出来，并将这样的信息传送到大脑，成就感随之产生，快乐的情绪也由此得以产生。但这个过程在生理反应中的反应时间往往较短。

2. 篮球运动有助于塑造健全的人格精神

人们的能力、气质、人生观等展现出来就是人格的精神，人格作为人们整体的精神面貌，是能够完整表现出来的。

从宏观上看，篮球运动是一场群体性的竞争运动；从微观上看，篮球运动是存在于两个群体之中的、个体之间的竞争运动。

在篮球比赛中，每一个环节都要求运动员发挥个人能力，以配合整体战术。或者说，一个成熟的群体离不开这个群体中每个成员的努力。篮球运动是复杂多变的，相互转化的每一刻都需要个体做出正确的判断。当然，战术运用的时机也非常重要，个人失误对比赛结果的影响很大。

篮球运动的这一特点很好地说明了我们在困难的情况下需要表现出巨大的勇气，在正常情况下需要有创新的想法。只有当我们有了鲜明的个性和独立的个性，我们才能展现出创新和冒险的精神，然后在极其复杂的情况下与更强大的对手作战，最终赢得比赛。

在篮球运动中，这种竞技精神能直接体现人的本质力量。因此，篮球运动不仅可以锻炼人们的意志品质和精神，对人们的决断力和自觉性也会起到一定的促进作用。体育锻炼更直接，它能改善人的体质。综上所述，在一定程度上篮球运动能够实现个性自由发展。

3. 篮球运动有助于情商的培养

集体性、对抗性和团结性在篮球运动中得到了明显的体现。合理且适当的参与篮球运动能够显著的提升学生的精神和体力，提高学生的心理承受能力和交际能力，进而提高学生的情商。

除此之外，积极参与篮球运动能够提高学生战胜困难、团结协作和坚韧不拔的精神与意志品质；同时在篮球运动规则的制约下，学生可以学会遵循体育道德准则，形成良好的行为习惯，有利于学生以健康、文明的态度来对待生活。

学生参与篮球比赛的过程，反映的不仅是身体素质与运动技能的高低情况，更能体现出学生意志品质、智慧以及团结协作的综合素质。大学生在体育领域的表现欲望反映了学生对美的热情、对美的表达以及对美的情感和能力的追求，这是当代大学生情商的基本内容。

4. 篮球运动有助于减轻焦虑和抑郁症状

大量研究表明，当人们感到焦虑、沮丧或愤怒时，做一些短期的体育锻炼可以缓解这种不良情绪。当然，减少的时间相对较短。那些长期坚持参加体育锻炼的人出现焦虑、抑郁或愤怒等负面情绪的概率很小。

体育活动或体育锻炼对改善焦虑抑郁症状有积极作用。对于那些性格孤僻、内向、不善于与人沟通的人来说，参加篮球运动能够增强队友之间的信任，进而促进人与人之间的交流。积极参与篮球运动不仅能够使人们的情感更加愉悦，还能够让人们的压力以及不好的情绪在运动中得以释放。

由此可以看出，长期参加篮球运动对神经衰弱或神经系统疾病的患者是非常有益的。

5. 篮球运动有助于创造良好的情绪体验

我们知道，篮球运动从一开始就要求人们具有良好的身体素质、高超的技术水平和心理稳定性，要在规则范围内攻击对手，赢得比赛。

篮球运动充满激情，在运动过程中，参与者可以运用精准的投篮和熟练的运球、传球等技术，以及攻防交错、对抗转化等一系列战术。它会给人一种体育竞技美的感觉，无论是在操场上参加篮球比赛，还是在观众席上欣赏比赛，人们都会有一种"高峰"的感觉，进而获得良好的情感体验。

（二）篮球运动对身体健康的影响

1. 篮球运动对心血管系统的影响

（1）篮球运动对血液循环系统功能的影响

①对血管壁的影响。经常参加篮球运动锻炼或训练，对血管壁有着良好的促进作用，能够增加动脉血管壁的厚度，促进中等动脉平滑肌细胞和大动脉弹性纤维的增长，使得肌纤维和平滑肌增长速度加快而增多。

②使血氧饱和度增高。血氧饱和度是指血液中血红蛋白与氧结合的程度。

血液中血红蛋白可以结合氧和解离氧，是人体必需的氧载体。血氧饱和度是反映血液运输氧的能力的重要指标。

人体除了红细胞中的血红蛋白可以运载氧之外，肌肉中的肌红蛋白也是一种含铁蛋白质，其性质与血红蛋白一样。篮球运动可以使血氧饱和度增高、肌红蛋白增加、机体内含氧量增加。

（2）篮球运动对心脏泵血功能的影响

①心腔扩大。篮球运动是一项激烈的对抗性及全身性运动，人在运动过程中需要大量的营养物质和氧气来维持身体正常的生命活动，二氧化碳等代谢产物大量排出。为与此相适应，人体必须加快血液循环，以输送养料，带走代谢物。因此，经常从事体育运动会使心肌增厚，心腔扩大。

②心肌收缩能力增强。篮球比赛运动强度大、持续时间长，在运动过程中，心脏每分钟的泵血量（心排血量）高于平静状态或其他运动项目泵血量，这使得心肌的代谢及收缩能力增强，心肌纤维增粗，心肌细胞以及毛细血管活动能力增强，这样在运动过程中它们能够为人体的正常运动提供必要的营养物质和氧气。

（3）篮球运动对微循环系统的影响

一般而言，骨骼肌中真正的毛细血管只有 20% 至 30% 是开放的，其舒张和收缩活动主要与局部代谢产物的积累有关。在运动过程中，参与运动的肌纤维数量更多，肌肉代谢能力增强，代谢产物增多，真毛细血管开放数量增多，从而使肌肉能够获得更多的氧气，以满足新陈代谢的需要。

2. 篮球运动对身体健康素质的影响

（1）篮球运动对肌耐力的影响

①红肌纤维增粗。快肌纤维和慢肌纤维是人体中肌纤维的两大类型，红肌纤维指的就是慢肌纤维，具有不易疲劳的特点。在一定程度上，红肌纤维越发达，人的有氧耐力越好。红肌纤维中红肌蛋白含量较高，经常参加篮球运动能够使存在于红肌纤维内的线粒体体积和数量增加，进而使氧化酶活性增强，致使红肌纤维增粗。

②合成三磷酸腺苷（ATP）能力增强。ATP 是为人体供能的主要能源物质。经常参加篮球运动能够提高 ATP 的合成能力，ATP 在肌肉中的含量增加则肌酸激酶活性提高，使肌肉的耐乳酸能力提升，进而提高了无氧酵解过程中的酶活性，使得线粒体密度、有氧氧化能力以及有氧氧化代谢酶的能力都有所提高。

③肌肉持续工作时间延长。耐乳酸能力、肌红蛋白含量、神经系统调节能

力等都是影响人体肌肉持续工作能力的重要因素。经常参加篮球运动，能够增加肌肉中的肌红蛋白和氧含量，乳酸阈及最大吸氧量提高能使人们在相同的运动强度下能够较为轻松地完成相应的运动。

（2）篮球运动对肌肉力量的影响

①肌纤维增粗。经常参加篮球训练能够使肌纤维数量、肌原纤维数量增多，肌纤维围度增大，这就使得骨骼肌组织变得强大。

②动员更多的运动单位。一个运动神经元和受此神经元所控制的一组肌纤维共同构成了运动单元。篮球是一项在不同运动强度下交替进行的运动，能够调动全身的肌纤维，在运动强度及负荷由低到高的过渡中，慢肌纤维和快肌纤维先后被激活参与运动。经过一段时间的运动，神经系统逐渐适应了篮球的运动模式特征，能够使得人体的抑制机制减少甚至抵消，进而激活更多的肌纤维，增加肌肉力量。

（3）篮球运动对身体柔韧性的影响

篮球运动是一项全身性的运动，篮球运动的每一项技术都需要整个身体的协调配合。运动员所处的每一个位置对篮球技术的要求是有所差异的，因此对于运动员身体素质的要求也是不同的。其中，柔韧性对篮球技术有一定的影响，各关节、韧带的柔韧性在不同的技术动作中都发挥着独特的作用。由此看来，经常参加篮球运动能够有效地提高柔韧性。

运动负荷密度高、强度大是现代篮球运动的发展趋势。在比赛过程中，运动员的最高心率可大于210次/分，但由于各种外界因素的影响，如替补、犯规、球出界等，使得比赛不得不中断，运动员由此能够进行暂时性休息，心率可下降至150次/分左右。由此看来，篮球运动主要以有氧代谢为主。

世界一流球队之间的篮球竞争更加激烈。在一场篮球比赛中，运动员的跑步距离为5～10千米。

通常情况下，日常生活中的篮球赛强度与职业篮球赛的运动强度相差甚远，在普通人的篮球赛中，90%以上的能量供应都是通过有氧代谢供能的形式实现的。因此，经常参加篮球运动可以改善人体的呼吸系统和心血管系统。

3.篮球运动对呼吸系统的影响

（1）篮球运动对最大吸氧量的影响

氧气是维持人体正常生命活动所必需的物质，人体中的氧气主要是通过呼吸系统从外界获取的，然后再通过心血管系统实现氧气运输，从而为各组织提供所需氧气。研究显示，经常参加篮球运动可以提高心脏的泵血功能、血液输送氧气的能力、肌肉利用氧气的能力。

此外，坚持参加篮球运动能够使肌肉中毛细血管和线粒体数量增加、线粒体体积增大、促进静脉血回流、增加氧氧化酶活性、增加肌红蛋白含量和最大摄氧量。

（2）篮球运动对肺活量的影响

正常成年男性和女性的肺活量大约为 3 500 mL 和 2 500 mL。研究显示，职业篮球运动员的肺活量远远高于普通人，优秀者可达到 7 000 mL。对经常参加篮球运动的大学生的有氧能力和肺活量的研究表明，参与篮球运动前后有氧能力与肺活量有明显的提升。由此可以看出，经常参加篮球运动能够使呼吸肌得到良好的发展，增加呼吸深入，降低呼吸频率，提高肺活量。

4. 篮球运动对身体形态的影响

（1）篮球运动对身体状况的影响

经常参加篮球运动对身体状况有一定的影响。研究表明，男性大学生参与篮球运动后，上臂、背部和腹部皮质厚度显著降低。正常人骨骼肌的重量占体重的 40%，经过长期的体育锻炼可以变为 45% ～ 50%。在体型方面，参与篮球运动后的男性大学生，胸部、腰部、大腿及小腿围度明显减小。

其他研究表明，有氧运动对脂蛋白脂肪酶活性有一定的提高作用。酶活性提高能够有效促进人体内脂肪的分解，降低体内脂肪含量，进而增强体质。

（2）篮球运动对肌肉的影响

研究显示，长期进行科学合理的篮球运动能够使骨骼肌的形态、结构和功能产生适应性变化，具体变化情况如下。

①篮球运动对肌肉体积的影响。肌纤维又称肌细胞，是肌肉的主要组成部分，是肌肉活动的基本功能单位。经常参加篮球运动可使肌纤维增大，肌纤维直径或横截面积均大于运动较少者。肌肉体积的增加主要表现为肢体周长增加。已有研究表明，肌纤维增厚是肌肉体积和重量增加的主要表现。相关实验结果表明，耐力训练能使快肌纤维向慢肌纤维转化，增加肌肉体积。

②篮球运动对肌肉结缔组织的影响。在篮球运动过程中，肌肉的反复收缩与舒张使得韧带和肌腱中的细胞增加，同时对肌内膜与外膜、肌束膜有一定的影响，使得肌肉抵抗外力的能力有所提高，肌肉不易断裂。研究表明，力量练习可以使肌膜增厚，抗牵拉强度提高。

③篮球运动对肌纤维的影响。力量、耐力、速度、柔韧、灵敏等人体的基本素质在篮球运动都能够得以体现。篮球运动对抗性强，能够最大限度激活更

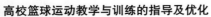

多的肌纤维参与运动，进而使更多的肌肉得到锻炼。由于篮球运动的运动特征使得人体的红肌纤维明显增粗。

④篮球运动对肌肉收缩的影响。在篮球运动中，爆发力与灵活性是篮球运动员应当具备的基本素质，如快速起跑、变速跑、变向跑、快速起停等都是运动员所必须掌握的运动技能。这样的技术是在人的脚踝、膝盖、腰腹部、躯干、手臂等的共同作用下，使人体能够做出灵活且快速的变向、变速等反应的技术。在篮球运动中，初级肌、对抗肌、固定肌和中和肌虽然功能不同，但它们能相互收缩、相互配合、相互协调，以保证动作正确完成。

经常参加篮球运动能够使肌群在运动过程中以更加协调的方式收缩，这样一来在完成相同动作的前提下，经过长期锻炼的肌肉能够以更低的能耗和更高的效率完成动作。

研究表明，参加篮球运动后肌纤维中毛细血管数量将增加至安静状态下的 20 ～ 30 倍，这样一来，肌肉中血液含量增多，为肌肉提供的氧含量也因此增加，这使得肌肉持续工作的能力有所提升。

（3）篮球运动对骨骼的影响

在人类的生长发育过程中，骨骼的骨化是一个重要的过程。青春期时，人的骨骼中有机物较多，可塑性很强。长骨两端有骺软骨使骨生长。骨骺软骨生长速度在 12 ～ 18 岁之间非常快。18 岁以后，骨骺软骨的生长速度逐渐减慢，甚至不再生长。

在青少年时期进行科学合理的篮球运动能够给骨骼带来一定的刺激，使得骨骼获得更多的营养供应，进而促进骺软骨骨化以及骨骼生长发育。

骨密度分布于长骨骨干和骨骺外侧。在运动过程中，肌肉牵引着骨骼使其产生运动，骨骼形态及结构会发生一定的改变，如表面出现明显的隆起、骨密度增大等，也能使骨压缩、弯曲，并且骨断裂抗力和其他机械性能都可以提高。

许多研究表明，低强度和中等强度的运动能显著促进骨骼发育过程中的骨密度增加。

松质骨是由大量针状或板层骨小梁相互连接而成的多孔网状结构。网状物是骨髓腔，里面充满了骨髓。大量研究表明，经常参加篮球运动能够促使骨小梁生成，进而使骨小梁更加有序的排列。

（三）篮球运动对社会适应能力的影响

1. 篮球运动对社会价值观念的影响

（1）篮球运动对创新意识和创新能力的培养

随着篮球运动的发展，篮球技战术也随之不断地完善与改变，实际上这是一个创新的过程。对于教练员来说，篮球战术要随着比赛节奏的变化而随时变化，不要一味地遵守规则，完全服从教条主义是一种非常愚蠢的行为，由于比赛节奏和形势是不断变化的，运动员必须做出相应的对策以及时根据现场现有的人员和情况做出一些可以改变不良状况的行动。

由此可见，在一定程度上，篮球运动对人的适应能力、创新意识以及思维能力可以起到良好的促进作用。同时，我们必须指出，篮球运动不仅是一项综合性的比赛，更是篮球运动员在练习许可的条件下进行的竞技性比赛，运动能力强的篮球运动员可以尽可能地发挥自己的运动能力。

从这一角度来看，学生的竞争与创新意识能够在参与篮球运动的过程中得到有效提高。这不仅体现在篮球比赛中，在日常生活中也有着很重要的作用。

（2）篮球运动对竞争能力和合作意识的培养

合作指的就是两个或两个以上的人为了达到预定的目标，在行动、思想、语言等方面，通过相互配合。合作与竞争实质上都是人们之间进行互动的一种形式。二者虽然是对立的，但通常是相互伴随的，

在人类社会的发展过程中我们不难发现，一个人的力量是有限的，集体的力量才能够为社会做出真正的贡献。如今合作已经成为一种极为常见的现象。但在社会上仍然有大部分人不能真正理解它的含义，尤其是当代大学生。这一代人赶上了国家计划生育政策，他们大多数是独生子女。我们知道独生子女"自我中心"意识比较强，缺乏一定的合作意识和习惯。

尽管许多大学生有选择地参加了一些学校体育活动中的合作，但这并不意味着他们有真正的合作意识。事实上，他们对合作的深层含义可能没有深刻的理解。

因此，我们必须让学生明白合作是人类生存的必要条件，理解合作有利于提高自身的竞争力，有利于维护自身的心理健康，并明白合作中的竞争和竞争中的合作才是最重要的社会主义社会的常态。

篮球总是充满竞争与合作。只有学习竞争与合作的精髓，发扬团队合作精神，才能在比赛中取得成功。

篮球运动是一项集体工程，在比赛过程中，各运动员之间的相互配合贯穿

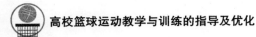

始终。比如在篮球运动中，传切配合、掩护等都是需要多个人来完成的动作，只有团队合作才能取得比较好的效果。全面多变的攻防战术体系需要团队配合才能顺利实施。

竞争对手之间的竞争和团队成员之间的沟通具有重要意义。个体之间的合作是集体成功的关键。个体行为的合作可以在一定程度上影响人的心灵和情感交流，最终贡献自己的力量来提高集体的凝聚力。

此外，当人们在打篮球比赛时，看台上成千上万观众的热情也会随着比赛的激烈程度而变化。他们把自己的情感和激情与比赛的氛围联系在一起，全力支持自己最喜欢的球队，甚至把自己当成团队的一员，这就体现了这项运动可以增强人与人之间的凝聚力。

不难发现，在篮球比赛中，参赛者必须摒弃相对狭隘的意识，不断开阔视野，发自内心地认同和贯彻团队合作的理念，这是球队取得成功的必要条件。

（3）篮球运动对价值观的影响

篮球运动具有很强的教育性，篮球运动是一种集体运动形式，对培养学生的组织性、纪律性和集体主义精神具有重要作用。

大多数青少年具有强烈的自我激励性、好奇心和活泼的心理生理特点，所以很多青少年会喜欢篮球。同时，在学校教育中有意识地增加一些篮球教学课程，定期组织一些篮球比赛，可以培养学生的竞争意识和主动性，使其拥有不怕困难、勇于拼搏的精神。

积极参与篮球运动能很好地激发青少年顽强进取的竞争精神。同时，积极参加篮球运动也能在一定程度上培养他们的责任感和集体荣誉感。这种微妙的影响是人们不能忽视的。篮球比赛能在一定程度上满足学生的精神需求和情感需求，能最大限度地提高他们锻炼的欲望。

2. 篮球运动对社会规范的影响

（1）篮球运动有助于角色的定位与转移

在篮球运动的过程中，每个参与者扮演着不同的角色，如中锋、前锋、后卫等，每个角色都有自己的分工、位置和任务。在某些情况下，运动员的位置需要调整，相应的任务也会发生变化，角色的功能也需要改变。

比如前锋和后卫之间的调整，场上运动员和替补运动员之间的调整。通过在篮球比赛中扮演不同的角色，运动员可以了解自己在篮球场上的角色定位。

同样，社会角色的定位和转换也是根据社会的需要来决定的，它与人们的一定的社会地位和身份相适应。

在某些情况下，角色可以改变。经常参加篮球比赛有助于人们理解角色的含义，尽快适应周围环境，并能通过自己的努力适应不同的社会角色。

（2）篮球运动有利于形成良好的社会关系

在社会化的过程中，个体首先要做的就是建立良好的人际关系。没有良好的人际关系，人的发展就会受到很大的制约。在一定程度上，良好的人际关系也能反映一个人在人际交往过程中的交际能力和心理满足状态。

如果人与人之间没有正常的交流，个体的社会化进程就会受到极大的阻碍。人与人之间的友好交往也是社会发展的必然要求。在交际过程中，它会表现出一定的心理效应，最终满足人们的生理需求。

友好密切的关系必将给人们带来积极的能量，促进他们的身心健康发展。然而，厌恶或憎恨的态度会带来一种压力与焦虑，对人的健康有害。因此，人际关系的本质是人类情感的社会交换。良好的人际关系是良好社会交往的具体体现。

在篮球比赛或比赛中，人们的交流行为会变得越来越明显。同时，这种体育形式也为人们提供了相互交流的机会。任何一个能亲自参加篮球比赛或能观看篮球比赛的人都能在比赛的过程中获得快乐。人们在打球或看球的过程中仍然有可能收获友谊，因为共同的爱好产生共同的语言。

通常情况下，和谐的环境和氛围有利于人们的身心健康，在篮球运动中同样如此，队员之间和谐相待才能拥有一个良好的人际关系，才能收获篮球友谊，树立积极健康的生活态度，巩固社会关系

在篮球比赛中，个人行为必须完全符合球队的规则和理念。在篮球比赛中每个人心中都要有一种高尚的体育精神和责任感，表现出踏踏实实学习、刻苦钻研的精神，这样才能得到队友和社会的认可。

众所周知，篮球是一项竞争性和对抗性的运动。人与人之间的身体对抗是不可避免的。在激烈的对峙中，我们应该争取占据更有利的位置。但不能为了得分而违反篮球规则，更不能有意给对方队员造成伤害，这是一种违背体育运动道德精神的不良行为。

在比赛过程中，由于运动员比赛情绪的变化，暴力事件已经成为篮球赛场的常见行为。篮球规则不允许这种违规行为的产生，这会遭到社会的谴责，甚至是法律的制裁。

3.篮球运动对现代生活方式的影响

（1）篮球运动已经成为现代人生活中的一项重要内容

人们更喜欢篮球这种文化现象的体验，追求身心的发展。生活节奏加快是现代社会的主要特征之一。篮球运动无疑是缓解和转移这一特征影响的积极有效途径之一。篮球运动是在快攻、快守中进行的，这样的节奏有利于提高人们的适应能力，同时篮球运动具有很强的趣味性，这便有利于人们拥有愉悦的心情。

（2）篮球运动与终身体育

随着社会的发展，人们对于健康越来越重视，体育锻炼逐步深入人们的日常生活之中，并成为必不可少的重要组成部分，终身体育的意识也逐渐开始在人们心中蔓延。

篮球运动是综合健身的重要组成部分，在一定程度上受到了很多人的喜爱。不同年龄和性别的人对篮球运动都有很高的热情。篮球运动具有很高的健身价值，对增强人的体质和生理机能起着非常重要的作用。

第三节　当前我国篮球运动的发展现状

一、篮球运动传入中国的具体情况

篮球运动传入中国的具体时间众说纷纭。许多学者认为篮球运动最早是在1892年传入中国的，但也有学者认为是在1909年。人们对于具体的引进地也有不同的看法。在国家体育院系的通用教材中，1894年中国基督教青年会在天津、北京、上海、广州等地已经开展篮球运动，后来逐渐在全国各地教会学校开展篮球运动。

关于篮球是何时传入中国的问题，篮球的发明者詹姆斯·奈史密斯曾在回忆录中写道："篮球是1898年由一个叫盖利的美国人引入天津的。"中国早期的官方篮球运动是由詹姆斯·奈史密斯的学生蔡乐儿博士发起的。

二、篮球运动在中国的初期发展

中华人民共和国成立前，受诸多因素的影响和制约，我国篮球运动的发展相对缓慢。总的来说，中国的篮球运动处于放任状态。

篮球运动经过不断进步和发展，逐渐成为20世纪高校的一项重要体育运动，随着篮球运动的不断普及，中国篮球取得了前所未有的进步和发展。

此后，在华北等地区运动会上，篮球首次被列为正式比赛。我国男篮参加过多次世界级篮球比赛，在 1936 年和 1948 年的两届奥运会上，我国男篮表现出色，充分显示了中国篮球的进步。

20 世纪 20 年代初，中国篮球运动水平很低。直到 20 世纪 30 年代，我国篮球技术才有了一定的发展。传球方式多种多样，如双手篮板传球、单手勾球和单手回传。

运球技术也有一定的发展，如变向运球等。在战术上，1927 年以后，我国实行五人区域联防。1930 年，在第四届全运会上，上海队采用人盯人防守、快速进攻的自由式打法。

这一时期，我国篮球运动与军队和革命运动有着一定的联系。20 世纪 30 年代末，在革命根据地，篮球运动已成为人民群众、红军和八路军群众喜爱的体育运动。

他们的共同特点是纪律严明、目的明确、战斗作风激烈、技术简单，充分体现了革命军人优良的道德素质和战斗作风，给根据地军队和人民留下了深刻印象。在这样的背景和形势下，中国篮球运动得到了初步的发展。

1945 年抗日战争胜利后，天津、北京、上海、东北等地出现了许多新的篮球队。

中华人民共和国成立后，我国一直致力于加强体育事业的发展，篮球运动在大众群体中的普及，为篮球运动的发展提供了坚实的基础。

1948 年，中国参加了在英国伦敦举行的第 14 届奥运会篮球比赛，共有 23 个国家参加了这次比赛。虽然没有取得理想成绩，但对于起步较晚的中国篮球来说，这让人看到了发展的前景和希望。

三、篮球运动在我国的中期发展

中华人民共和国成立后，政府对篮球运动高度重视。在"普及与提高相结合"的指导思想下，篮球运动在我国得到了广泛的发展。

20 世纪 50 年代初，中央运动训练班篮球队在北京成立，对提高我国篮球运动水平具有重要意义。

在篮球运动发展过程中，我国篮球形成了自身的风格，并且在我国篮球运动员的努力下，取得了理想的成绩。

1959 年，在新中国举办的第一届全运会篮球比赛中，四川男篮和北京女篮分别获得冠军。

1972 年，我国召开了全国五球运动会。同年底，篮球、排球、足球训练大会在北京召开。会上提出了"积极、勇敢、顽强、快速、灵活、全面、准确"的技术风格。

然而，20 世纪 90 年代末，我国篮球运动总体上呈现出下降的态势，具体来说就是女子篮球的地位并不稳定，与世界先进水平相比还有一定距离。

四、篮球运动在中国的现今发展

20 世纪 90 年代中期以来，随着市场经济的不断发展和改革开放的逐步深入，人们的思想观念发生了重大变化。在这种影响下，中国篮球进入了市场化的快速发展道路。

1995 年，中国推出篮球职业联赛 CBA。

CBA 联赛的成功举办引起了广大球迷和社会各界的关注。特别是在 2000—2001 赛季球队实力接近，比赛充满悬念的情况下，姚明、王治郅、刘玉东、孙军的出色表现，有效地扩大了中国篮球联赛和中国篮球在世界上的影响力。

进入 21 世纪后，我国篮球产业化的步伐进一步加快，职业化、产业化迈出了新的一步。到目前为止，我国男子篮球职业联赛的发展已近 30 年，在这些年中，我国篮球运动的发展势头良好，发展前景十分广阔。

五、CBA 与篮球俱乐部

中国篮球协会简称为"中国篮协"，于 1956 年 6 月成立，常被人们称为 CBA。中国篮球协会由各省、市，各行业的篮球协会以及中国人民解放军体育组织构成，是一个非营利性的全国群众性体育组织，是能代表中国在国际上参加篮球赛的合法组织，是亚洲篮球协会和国际篮球协会的成员之一。中国篮球协会的任务在于组织开展篮球赛和培训教练员；加强与国际篮联的联系；选拔运动员和教练员；修订裁判法和篮球规则等。国家体育总局篮球运动管理中心于 1997 年 11 月成立，是中国篮球协会的直属管理机构，下面还设有国家队管理部、社会发展部、竞赛部、综合部、训练科研部等，主要职责在于管理及控制全国篮球协会的建设与财政情况、人才培养以及篮球产业发展等相关事项。

《中国篮球协会章程》是关于俱乐部的法律文件，对俱乐部的管理、经营等工作具有重要意义。俱乐部的一切工作必须按照规定进行。因此，篮球俱乐部的性质、会员制度、权利义务、竞赛方式、处罚制度等都在《中国篮球协会章程》的规定范围内。其具体内容包括以下几个方面。

1. 总则

①宗旨、经营范围；

②投资总额和注册资金；

③董事会；

④经营管理机构；

⑤收益分配、盈亏风险；

⑥财务制度；

⑦成员、劳动管理；

⑧工会组织；

⑨终止、清算；

⑩规章制度。

2. 中国篮球俱乐部的管理条例

依据《中国篮球协会俱乐部章程》，有关部门制定了篮球俱乐部的管理条例，这是对《中国篮球协会俱乐部章程》实施情况的完善与补充，有利于工作人员依据章程行事。

3. 各类人员的责任制

《中国篮球协会章程》中明确了总经理、总教练和后勤人员的工作及责任范围等，具体包括：各部门的经营职责和工作程序；各项财务制度；各类人员的工资制度、福利制度、考核、升降和奖惩制度；俱乐部解散时的清算程序；其他必需的规章制度。

六、CUBA 的发展历程

中国大学生篮球联赛（CUBA）于 1996 年 6 月成立，其联赛筹备组由篮球界、教育界和媒体界知名人士共同构成。1997 年，联赛名称、竞赛方案、会徽和吉祥物在中国高校体育协会和教育部体育卫生司的批准下正式确定下来。同年 12 月份正式成立了 CUBA 联赛组委会。次年 3 月，第一届中国大学生篮球联赛开幕式举行。

（一）CUBA 的现实意义

CUBA 面向范围广，持续时间长，它的赛制贯穿整个学年，并允许全国的高校篮球队参与；比赛在统一的赛制和规则下进行，建立了一个公平的竞赛环境；促进了新型篮球人才培养体系的建立以及"教体结合"的发展；首次将学校体育与社会和产业相融合。这"四大创举"是对 CUBA 的现实意义的概括。

一个赛事的竞赛制度是否合理在很大程度上影响了赛事水平的高低，以及赛事是否能健康、持续发展。CUBA 一开始的比赛制度借鉴全国大学体育协会（NCAA）赛制，并结合我国高校篮球的实际情况而成，在发展的过程中又对一些意见反映比较集中的问题进行针对性的赛制变革，这样所建立起来的竞赛规则，是科学合理的，是符合我国高校篮球发展需求的。

1. CUBA 联赛顺应发展的赛制变革

1998 年首届 CUBA 举行，其比赛制度采用分级赛制，意思是属于原国家教委〔1995〕7 号文件确定试办高水平运动队的院校组队参加 A 级联赛，不在该文件所述范围内的院校运动队参加 B 级联赛。A 级联赛的竞赛规则为：选取一所院校作为比赛的承办方，参加 A 级联赛的所有运动队集中在承办院校内进行比赛，争夺出一个冠军队伍。B 级联赛则分为南、北两个赛区，划分依据为长江的南部与北部，比赛规则为：两赛区先分别进行预选赛，接下来进行分区赛，两区冠军队伍再争夺出一支 B 级联赛的冠军队伍。最终，A 级联赛冠军和 B 级联赛冠军进行比赛，争夺出最后的冠军队伍。

1999 年，CUBA 联赛制度进行了调整，取消了原有的分级制度，A 级联赛调整为试点院校邀请赛，并不再列入 CUBA 竞赛规程。B 级联赛将分区由两个调整为四个，分别为东南、西南、西北、东北，增加男八强、女四强赛，赛程分布年度由自然年调整为学年，调整后的方案开始实行时间为第 2 届 CUBA 联赛。在此规定下，第一届 CUBA 男八强、女四强赛在 1999 年成功举办。

2000 年 5 月颁布了《CUBA 中国大学生篮球联赛竞赛规程》，这一规程明确规定除了对规则进行补充和完善，不再每年下发竞赛规程，因为"固定的比赛时间和参赛条件，有利于篮球运动在大学生群体内的普及以及学生篮球运动技术的提升"，这标志着 CUBA 的赛制框架基本确定。

2003 年年底人们再次对 CUBA 联赛比赛时间和规则做出调整，规定从第 6 届联赛开始，将比赛时间延后，调整为次年 3 月举行，男子八强赛调整为主客场两回合淘汰制，女子四强赛调整为女子八强赛，将罚球决胜制引入主客场比赛中。

2004 年 6 月，人们对主客场罚球决胜办法进行修改，并制定了《关于主客场二赛制罚球决胜的具体执行办法》，规定从第 7 届 CUBA 联赛开始，决胜办法调整为先计算两场比赛总分分差，分差少于 8 分才进行罚球决胜。

2006 年 1 月，对参赛原则进行调整，规定从第 8 届 CUBA 联赛开始，男、女参赛队伍数量增加到 10 支，增添机动名额分配原则，将抽签制引入 8 强赛和分区交叉淘汰赛的排位中。

关于高校组队参赛资格的要求：规定除体育院校、民办高校之外，其他普通高校均可参加 CUBA 联赛基层预选赛。据统计，普通高等院校参赛数量截至 2005 年 5 月共有 1794 所（含专科院校，除港、澳、台地区外），其中包括部属、省（区、市）属高校 1545 所，民办普通高校 249 所。

经过多年的创新发展，CUBA 联赛的影响力已覆盖全国。其赛制独具特色，符合篮球人才成长规律和高校篮球运动的发展，是代表性与广泛性、开放性与业余性统一的体现，有利于篮球运动发展，提高了比赛的观赏性，营造了公平的竞赛环境。

CUBA 经过二十几年的发展，其赛制也在不断完善，符合我国国情和篮球发展的需求，为 CUBA 联赛今后科学、有序地发展提供了有力的保障，根治了长期困扰高校体育界的公平竞赛问题。

为了使赛制能够适应新形势的发展，CUBA 联赛组委会不断对赛制中不合理、有争议的部分进行完善，建立顺应时代发展的科学可行的赛制，为联赛提供公平、公正的比赛环境，以确保联赛的规范与发展。

对于参赛中违法乱纪的问题，为了使比赛拥有一个良好的赛风和赛纪，CUBA 联赛组委会在赛场管理制度、资格审查制度等方面制定了严格的处罚条例。例如，每位运动员必须三证齐全、装束和外在形象等都需要符合相关规定，对于不符合要求的运动员，不允许其上场比赛。

对教练员也有着相关的规定，CUBA 联赛组委会注重对有责任感的年轻裁判员的培养，对裁判员职业道德和作风也极为重视，并组织相关培训来提高裁判员的业务水平。组委会每年都会开办针对裁判员的培训班，对篮球裁判员的理论、体能和临场进行严格考评，对于能力突出者将给予重点培养。CUBA 联赛针对裁判员设立了评委，对裁判员做出的每一个判罚都进行监督，这样的规定不仅减少了裁判工作的干扰和压力，而且能够防止"黑哨"现象的发生。

CUBA 组委会不允许在篮协注册过的运动员参加，保证大学篮球的纯洁性；使用自己培养的裁判，保证了哨声的公平性。对裁判、运动员严格把关，真正地规范了赛场秩序，从根本上保证了比赛的公正性，也维护了 CUBA 校园篮球的纯净。

2. 推动了"教体结合"进程和新型篮球人才培养体系的建立

第一届 CBA—CUBA 青年篮球四强对抗赛于 2006 年在武汉举行。这一赛事是自 1995 年中国篮球职业化改革以来，高校业余运动队与俱乐部、体工队之间开展的一次层次最高、规模最大的赛事，高校运动员在身体素质和技战术应用等方面表现尤为突出，取得了优异的成绩，并引起了很大的反响。报社、电视台都对这次比赛进行了报道，指出这一比赛对"教体结合"的发展具有里程碑式的意义，教育与体育两大体系之间的交流由此变得越来越频繁。高校聘请专业的教练员来为球队的训练进行指导，这使得高校球队的队员身体素质和技战术水平得到了显著的提升。数据显示，从 1998 年开始，直至今日，共有43 位专业的教练员进入高校，从事篮球事业，这些教练员中大部分都是拥有国家队执教经验的，或是在俱乐部、体工队退役的专业运动员。

一些具有体育特长的孩子，家长们并不希望他们进入专业队，而是更希望他们像其他孩子一样进入大学。这种特长生进校园的发展趋势为培养既有文化又有篮球特长的人才的发展奠定了基础，同时与国际体育发展趋势相一致。CUBA 联赛的开展无疑开创了中国篮球人才的另一条成长之路。

目前，我国的篮球人才模式为锥子形，高水平的高中、大学运动员数量和质量都不足。CUBA 联赛组委会从 1998 年开始，在全国各地区文化学习和篮球训练条件相对突出的中学建立篮球人才培养基地，如今已成功在 41 所学校建立了基地，这样一来不仅能够及时发现具有篮球运动天赋的学生，同时也能够使他们进行文化课的学习，为高校球队及国家培养和输送优秀人才。

为了使更多的篮球青少年人才能够进入大学，CUBA 还通过每年一次的夏令营为学生与教练员提供交流的机会。通过以上两项措施，CUBA 在带动中、小学篮球建立人才储备方面取得显著的成效。

3. 开创了学校体育走社会化、产业化发展道路的先河

CUBA 的成功创建开创了高校体育社会化、产业化的先河。

CUBA 是在当前我国所处社会阶段的背景下起步的。事实上，这样的运作模式是有效的，CUBA 已经成了最具影响力的大学品牌联赛。

CUBA 赛事没有政府的投资，而是将联赛社会化，在社会上募集赛事运行所需资金，并将主要的投资商作为组织者成员之一。随着 CUBA 联赛影响力不断扩大，关注人群不断壮大，商家积极投资，加快了 CUBA 联赛的社会化和产业化发展进程。

（二）CUBA 参赛宗旨

发展高校篮球，培养篮球人才是 CUBA 联赛的办赛宗旨，具体包括：大力推动中国大学生篮球运动的普及，提高运动技术水平；建立和完善小学一中

学—大学金字塔形篮球人才培养体系，培养高水平篮球运动员；为职业俱乐部输送优秀后备人才；推动高校校园文化建设及各大高校之间的交流；以素质教育为基本理念，培养大学生的团队精神和良好的意志品质；开发高校体育竞赛市场，扩大项目的社会影响，建立市场化运作机制。

CUBA 将素质教育与竞技体育紧密联系在一起，以学校体育的功能为出发点，培养高水平的运动员、教练员、裁判员、工作人员和高素质球迷。

（三）CUBA 的特点

在发展过程中，CUBA 联赛逐渐形成了以下特点。

1. 普及范围更广

CUBA 联赛在促进校园文化建设、提升院校知名度等方面都有着重要的作用，这也被越来越多的高校所认同。各院校开始重视球队的建设，基层赛事的规模和水平也在不断扩大和提升。第 6 届 CUBA 联赛的参赛球队有 700 多支，比赛场次有 2 700 多场，抵达现场观看比赛的观众人数达 190 万。其中，浙江省参赛队伍有 50 多支；安徽省参加预选赛的球队数量更是创造了新的高度。由此看来，各省、市对 CUBA 联赛的重视程度显著提升，各地高校积极响应。

2. 运动技术水平显著提高

CUBA 的运动员在身体素质、技战术水平、队员间的协调配合以及比赛的观赏性等方面都有显著提升，在高校的培养和参赛经验不断积累的基础上，部分运动员已经形成了自己的打法，在一定程度上具备了成为职业运动员的能力。第 5 届 CUBA 的比赛中男、女平均身高达到 1.92 米和 1.8 米，其中男队最高运动员身高为 2.04 米，女队最高运动员身高为 1.89 米。在技术方面，运动员失误和犯规情况明显下降，命中率和得分情况显著提升，一些高难度技术动作在赛场上得到了运用，队员之间的技战术差异逐渐减小。

3. 社会化程度不断提高

如今的 CUBA 联赛不仅仅是吸引了在校的学生，社会上各群体对 CUBA 联赛的兴趣也是越来越高，同时对日常生活中人们的运动行为及习惯产生了良好的影响，其顺应时代的发展理论和促进健康的形象扎根于人们心中。

4. 产业化运作初见成效

多年的市场经营与品牌建设使得 CUBA 赛事已经成为一个知名的赛事品牌，吸引了众多公司、企业的加盟与合作，如中国电信、李宁、红牛、兰华、一汽大众等。从第 5 届 CUBA 联赛开始，无形资产的开发逐渐成为赛事商业化的主要方向之一。CUBA 联赛的市场开发力度正在逐渐加大。

（四）CUBA 的赛制结构

1. 基层预选赛

基层预选赛以学校为单位，于每年的 9 月至 11 月在各省、市地区教育行政部门、大学生篮球及体育协会的领导下进行，由当地 CUBA 联赛预选赛组委会确定赛制，预选赛获胜的冠军队伍直接获得分区赛参赛资格，当前定期组织开展预选赛的省、市共 29 个。

2. 分区赛

基层预选赛结束后，次年的 3 月至 4 月开始组织开展分区赛，共分为东南、西南、西北、东北四个分赛区，各分赛区包括的参赛省、市的具体情况如下。

东南区：上海、江苏、浙江、安徽、江西、福建、广东、海南。

西南区：湖北、湖南、广西、重庆、四川、云南、贵州、西藏。

西北区：陕西、山西、河南、甘肃、宁夏、青海、新疆、内蒙古、香港。

东北区：北京、天津、河北、山东、黑龙江、辽宁、吉林、澳门。

规定各分区共 10 支队伍参赛，并争夺出前两名晋级八强赛。比赛规则采用小组循环赛和交叉淘汰制，具体为：先将 10 支球队分为两组，组内进行单循环赛，排出名次，两组前四名再进行交叉淘汰赛，最终小组赛积分排名前两名的球队由抽签决定淘汰赛的对抗顺序，获取各分区的排名情况。

3. 八强赛

男子和女子八强赛均于次年的 4 月至 6 月举行。以女子八强赛为例，首先通过单场淘汰赛选出两支球队，冠亚军决赛采取主客场两回合制，如果第一回合比赛中八强赛承办院校球队进入决赛，则第二回合在对方主场进行，如果没有进入决赛，则由抽签的方式来决定第二回合比赛的承办方。

（五）CUBA 选秀夏令营

CUBA 在每年的 7 月底到 8 月会举行为期两周的夏令营选秀活动。大学的选秀共分为两个阶段，首先是进行分区选秀，也就是初选，选秀规则为将全国分为 10 个赛区，学生就近报名参加，分别对参选者的身体素质、基本技术和实战能力进行测评，成绩优异者能够进入 CUBA 选秀夏令营；第二个阶段为现场选秀，在第一阶段获得入营资格的人能够参加，人数须在 200 名以内，选秀方式为分队比赛，主办方将参选者的相关信息提供给高校教练员，同时双方可以随时进行交流。参选者应当是具备一定篮球特长的高一、高二学生，男生和女生若身高满足要求（男生高于 1.95 米，女生高于 1.85 米）可以不通过初选直接进入第二阶段的选秀。拥有二级以上篮球裁判员技术等级证件的在校大学生可以参加 CUBA 夏令营。裁判员培训班包括一级裁判员考试班、CUBA 联赛裁判员注册班和 CUBA 联赛骨干裁判员提高班。从近年来的统计看，参加一级裁判员考试班的营员中，在校大学生占 60% 以上。夏令营有效地促进了中小学篮球运动的普及与发展，为篮球运动的发展培养了大批优秀的后备人才，形成了由小学到中学再到大学的金字塔形人才培养体系。

（六）CUBA 与大超联赛的区别

CUBA 和大超联赛两个赛事归属于同一个系统，都是由大学生体育协会主办的，但处于不同的层次。两赛事的本质区别在于，CUBA 只允许通过国家正规考试的全日制在校大学生参赛；大超联赛则允许注册过中国篮协的专业运动员参赛，这使得各院校在专业运动员的招收上有了很强的针对性，只要符合要求的专业运动员都能参赛。

CUBA 与大超联赛在规模与运动员水平上也存在着一定的差距。CUBA 已经举办了多届，有 700 多支球队参与比赛，建立了几十个培训基地，培养了许多有能力的运动员，并有属于自己的教练员与裁判员。而大超联赛诞生相对较晚，参赛队伍和规模与 CUBA 相差甚远。但在运动员水平方面，大超联赛由于专业运动员的加入，其整体水平应该高于 CUBA。

通过以上的表述我们了解了 CUBA 与大超联赛的区别所在，接下来我们再来了解一下大超联赛。大超联赛的成立使更多的专业运动员进入大学，这样一方面能够提高高校篮球水平，提高比赛的观赏性；另外，对于专业运动员来说，即使他们的未来不走职业篮球运动员的道路，也能够提高他们的素质水平，拓宽就业机会。从理论上看，大超联赛的成立是有意义的、合理的，但其在实际的运行过程中仍然存在着很多问题。在未来，大超联赛将会逐渐取代青年联赛。在赛程安排上，大超联赛与职业联赛越来越相近，但运动员们的训练比赛与学习如何协调，侧重点在哪一方面，现在看来还是一个值得关注的问题。

第二章　高校篮球教学的基本理论

　　篮球运动有利于强健体魄，有利于拓展人际关系，也会让人变得更有团队意识。我国向来比较重视篮球的发展，并在篮球项目上取得过夺目的成绩。例如中国国家男子篮球队：自1975年我国首次参加"亚洲男子篮球锦标赛"以来，目前已经夺得16次冠军；在世界奥运赛场上，我国男篮同样取得了不错的成绩，曾三次闯进世界八强。这些成绩既展现了我国男篮高超的竞技水平，也体现了我国对篮球事业的重视。

　　高校是人才的摇篮，是我国未来现代化建设的一支重要力量。高校篮球教学不仅关系着高校学子的身心健康、关系着我国篮球事业的长远发展，更影响着我国社会发展的方方面面。提升高校篮球的教学水平，寻找突破高校篮球教学发展的瓶颈成了高校篮球教学工作者亟待解决的问题。本章主要以当下国内高校篮球的现状作为切入点，对目前高校篮球教学存在的一些问题提出了相应的建议。

第一节　高校篮球教学概述

　　篮球在我国是一项普及很广的运动，打篮球具有强身健体的作用。对于大学生来说，篮球不仅是一项体育运动，更是一种扩展交际的好方法。打篮球可以增强大学生的体魄，培养其体育精神，又可以拓展人脉。

　　篮球是一项团体运动，各个参与运动的大学生可以通过运动中的相互配合养成团结合作的精神，同时锻炼大学生的相互交流、理解能力。

一、高校篮球教学的重要性

　　篮球对于个人身心健康有着重要的作用。对于当代大学生来说，篮球教学的重要性体现在以下几个方面。

（一）有利于增强学生体质

篮球运动可以活动全身关节，促进血液循环，可以有效增强学生体质。篮球教学可以帮助学生更好地理解篮球基本理论和规则，掌握基本的篮球技巧，以此来吸引学生对篮球的兴趣，帮助学生养成多运动的良好习惯。

如今，学生们的课余时间一再被压缩，很少能有时间或是兴趣进行体育运动。一方面，随着互联网的发展和智能设备普及，学生将越来越多的空余时间花费在电脑、手机和平板等产品上面，沉迷于网络的虚拟世界中；另一方面，日益繁重的学业压力挤占了学生的时间。这些因素使得学生对体育锻炼的重视程度日益下降，大部分学生没有良好的运动习惯。篮球运动规则相对简单及上手难度较低，可以很快帮助学生掌握相应的技能。篮球训练可以帮助学生养成热爱体育运动的好习惯，这既可以改善学生的体质，也会使他们受益终身。

（二）有利于增进同学间的友谊

现在的大学生更愿意"宅"在家里上网、玩游戏，不仅缺乏足够的体育锻炼，还缺少了朋友间的相互交流与往来。他们似乎养成了特立独行的行事风格，喜欢一个人独来独往，一心沉迷于网络而不关心其他事情。他们不仅不和他人相处，甚至对于父母，也缺少足够的交流和相互理解。篮球可以让学生走出家门，增加和朋友的交流，也有利于培养学生的团队和合作精神。

无论是增加同学之间的相互交流，还是锻炼学生的团队意识，篮球都有利于学生相处，增进同学友情。同时，在篮球训练过程中，老师不仅可以向学生传授篮球技巧知识，增加学生对篮球的认识，以激发学生对篮球的兴趣，同时也为师生交流创建了平台，有利于增进师生之间的交流和友谊。

（三）有利于促进学生的心理健康

人的健康包括生理健康和心理健康。这二者共同促进了人体身心健康的发展，是相互结合、相互促进的关系。良好的心理健康有利于学生生理健康，而生理健康也会使人保持良好的心理健康。篮球运动可以提高学生的身体素质，增强体魄，促进生理健康的发展，同时篮球也是个人发泄情绪、消除烦恼、增进沟通的有效方式。如今，大学生面临着各种各样的压力，有学业压力、就业压力、人际压力等，还有占据他们大多数时间的电子产品，这样的情况使大学生之间的关系比较冷漠，可是内心各样的烦恼和重担没有发泄的地方。此时篮球恰好可以成为他们发泄的出口，他们通过篮球高强度的对抗和运动可以有效发泄负面情绪，释放压力。篮球教学对于运动习惯养成同样有着重要的作用。

二、高校篮球教学的现状

目前，我国高校篮球教学现状呈现出两极分化的趋势。对于体育专业或者篮球专业的学生来说，篮球教学比较系统完整，学生也有着扎实的篮球功底，掌握了基本的篮球技巧；而对于非体育专业的学生来说，其篮球基本功较差，体育课上的篮球教学也不完善，教师大多数情况下只是硬性地教几个基本动作，如定点投篮、三步跨篮等，以应付考试，学生对篮球不感兴趣，教师也没有严格规范篮球教学，使得篮球教学变成了学生文化课之外放松、嬉戏玩闹的时间。

随着我国社会的进步和经济的发展，学生素质已经发生了很大改变，因此传统的篮球教学已经跟不上如今的教学需要。在实际的篮球教学中，人们主要面临着以下几个问题。

（一）理论教学与技术教学不同步

篮球不单单是一项运动，同时也是一门科学，里面包含各类的理论知识。在国内，篮球教学主要在室外进行，课堂教学也只是反复练习，并不断实践。篮球是一门注重实践的课程，但实践也必须有扎实的理论知识作为指导才行。而如今，我国高校篮球教学面临的一大问题就是理论教学的缺失。篮球教学一味重视实践，这使得其缺乏系统性，学生掌握了几个简单的篮球动作，但对篮球的基本知识却不了解，教师无法用理论知识指导篮球实践。

通常来说，学生之所以会选择篮球课程大多都始于兴趣，而且自身还有一定的篮球基础。因此，篮球教学时如果教师只教一些基本的篮球技巧，这些很可能是学生已经掌握的，也就无法吸引学生的兴趣。总的来看，篮球项目中的站位、接球、移动、传球等环节密切相连，每个环节都训练好，才能彼此配合，表现出高超的篮球水平。因此，篮球技巧直接影响了篮球训练成果，但学生又缺乏对技巧训练的兴趣，这是篮球教学中面临的主要矛盾。

在技巧训练之外，有关篮球的一些历史知识或趣闻可能更会引起学生对篮球的兴趣。理论教学中所讲的篮球规则可以增进学生对篮球的了解，让学生在篮球比赛中规范、合理，但在实际教学中，教师普遍缺乏对理论知识的传授。因此，人们必须足够重视理论教学，将理论与实践结合起来，才能更好促进篮球教学的发展。

（二）师资力量不足，教师的专业水平不够

由于巨大的升学压力，我国教育普遍面临着"重文化而轻体育"的局面。学生、教师、家长以及学校，都将更多的时间和精力放在文化科目上，本来就

不多的体育课也经常被文化课挤占，体育锻炼缺乏也导致我国篮球人才供应不足。目前，我国高校篮球师资力量不足，仅有的篮球教师也普遍能力低下、专业素养较差。在篮球教学中，教师起了重要的作用，教师的篮球技巧好坏以及理论教学水平都决定着篮球教学的质量。

（三）教学方式落后，学生学习的兴趣不高

社会的快速发展，也改变了人们的观念和思维方式，越来越多的人都重视个性化发展，以彰显自我。成长于新时代且来自全国各地的学生，各人的个性也迥然不同。因此，采用传统的教学方式显然难以满足学生的个性需求。教师一味坚守陈旧的教学模式，很难激发起学生学习篮球的兴趣，学生的篮球热情持续低落，使得篮球教学无法顺利进行，也就无法实现教学任务和目标。

为了了解当下高校学生对于篮球教学的看法，笔者对 3 所本科院校和 5 所高职高专学校的 200 名学生进行了调查，他们都来自非体育专业。调查结果显示：其中 60% 左右的学生认为学校开设的篮球课程太少，而且内容枯燥，不感兴趣；13% 的学生对于具体的课程安排不了解，持无所谓态度。

通过调查数据我们可以发现，我国高校篮球课程比较少已成为高校教学的常见现象。由于课时安排比较少，学生无法在短时间内熟练掌握篮球的理论知识和技巧。而且根据调查时学生的反馈，如今篮球教学只教一些很基本的篮球动作，根本没有复杂技巧的教导，致使学生越学越没劲。

（四）体育老师的综合能力有所欠缺

1. 教师的篮球技能水平不足

目前从事高校篮球教学的教师大都是毕业于体育院校的学生，或是退役的运动员。因为他们长时间都处于学生时期，没有足够的锻炼，篮球水平有所退步，难以成为学生的榜样，也就无法激发起学生学习的主动性。

2. 教师对运动解剖、生理等知识了解不足

为了应对课堂中可能出现的各种紧急情况，篮球教师不光要具有足够的篮球理论知识，还要具备生理、康复、运动解剖等知识。在激烈的篮球训练中，由于个人体质不同，学生可能会出现碰撞、摔倒等现象，甚至体质较差者还会晕倒，因此教师具备的快速反应能力和紧急救治知识就显得尤为重要。

为了保障学生在篮球教学时的健康，教师必须具备相应的医疗知识，能够及时处理各种突发情况。

3. 教师教学水平不足

某些教师过去是专业运动员，课堂上过分强调篮球技巧，忽视趣味性，影响学生对篮球的兴趣。

（五）教学目标不够明确

我国高校体育教育都以提升学生技术水平、增强学生身体素质作为教学目标。但对于某种具体的体育教学，教师没有编制详细且完善的教学任务，大都只为应付考试。篮球教师将教学重点放在篮球技巧的训练上，忽视了篮球其他功能，这就使本来就对篮球不感兴趣的学生更加排斥篮球教学，上课积极性差，教学效率低。因此教师应该制定详细的教学目标，针对不同学生的需求和兴趣，调整教学安排，将篮球各方面的知识都整合起来，尽可能提升所有学生的兴趣。

总的来说，我国篮球教学缺乏完善的教学目标，课程设置没有针对性且内容枯燥单调。这些因素导致学生无法对篮球产生兴趣，篮球水平也就无法提高。教师应该转变过去僵化的教学思路，充分考虑学生需求，因材施教，进行个性化教学，逐步培养学生的篮球习惯。

三、普通高校优化篮球教学的对策

目前我国高校篮球教学面临的主要问题可以从以下几个方面解决。

（一）加强篮球师资队伍建设

教育的发展关键在于人才。优秀的教师对于提升教育发展水平与质量有着至关重要的作用，因此我国高校应该首先从思想上重视篮球人才，在工作中注重培养优秀的教师人才，扎实做好篮球师资队伍建设工作。具体可以从以下几方面入手。

一是要提高篮球教师的薪资待遇。有了足够的经济条件教师才愿意留下来，将更多时间和精力投入篮球教学中。同时也可以吸引社会中高水平的篮球人才来学校任职，提升学校篮球师资队伍建设和篮球教学效率。

二是要提升学校现有篮球教师的教学水平。学校要加强对篮球教师的培训，坚持走"请进来走出去"的路子。一方面，给现有的篮球教师更多的培训机会，让教师去更高水平的高校参观学习，吸取优秀的教学经验、学习成功的教学方法，提升教师的篮球技巧和篮球教学水平；另一方面，邀请社会中或其他高校高水平的知名教师来学校开办教学讲座，向学校师生分享经验，并对学校的篮球教学提出指导意见等。

（二）增加篮球教学时间

我国高校篮球课程安排的课时较少，而且较为集中。教师在短短的一学期之内要进行篮球理论知识讲解和技巧训练，期末还要完成身体素质综合考核。这些考核也要占用很长的课堂时间，因此实际的篮球教学时间被一再压缩，在这种状况下，教师传授的只能是一些基础的技巧，还是以实践为主，几乎没有涉及理论知识。针对这种情况，笔者认为，高校有必要增加篮球课时，并且延长到三个学期进行教学，也可以充分利用课余时间，提高学生的篮球兴趣，使学生能够自主进行篮球训练，同时也要重视理论与实践相结合。

（三）加强理论学习，助力篮球训练

篮球运动有着很强的实践性，自然而然地会看重训练，只不过"木桶理论"使得我们意识到，篮球教学重要的意义在于补足短板。涉及日常的教学实践：一方面，学生要特别留意教师所做的动作示范，规范自身动作，掌握正确的篮球要领；另一方面，教师要加强对学生篮球理论教学的重视程度，将篮球专业知识、医疗知识及应急处理知识等加入课程教学中，加强学生处理篮球课程中各种突发情况的能力。枯燥的篮球理论知识既可以通过教师讲解，也可安排学生进行相互讨论与交流。

为了增加理论教学的趣味性，教师也可以引导学生课后自主学习，通过阅读篮球书籍、上网查找资料、观看相关视频等加深对理论知识的了解。

（四）调整教学方式，激发学生学习兴趣

兴趣是学生最好的老师，是促进学生自主学习的不竭动力。因此，在篮球教学中教师要注重激发学生的学习兴趣。一方面，因材施教，针对不同学生的个性和需求进行个性化教学；另一方面，要通过篮球教学使学生真正热爱篮球，体会到篮球运动带来的乐趣和用处，培养自主学习的能力。除此之外，教师也要根据学生不同的身体素质，采取灵活的教学方式，如理论讲解与实践训练相结合、教师讲解与学生讨论相结合、课上指导与课下引导相结合、标准教学与弹性教学相结合、鼓励表扬与规范指正相结合等，多管齐下，让学生在篮球学习中增加兴趣，让兴趣促进篮球水平提升。兴趣与篮球技能相互促进、相得益彰。

（五）提高体育教师综合能力

教师是教学活动的主体，为了提升教学效率和质量，教师必须具备一些相应的教学能力。

首先，教师应该拥有丰富的篮球理论知识和篮球实践经验，在教学过程中，教师将理论与实践相结合从而能够将自身掌握的理论和实践知识生动地传授给学生，提升学生的学习兴趣。如果教师理论知识匮乏，高校应该给教师安排集中培训进修，或邀请专家来校举办讲座，传授经验等。

其次，教师也要具备一些医疗知识，使课程设计更加合理，符合人体的生理规律。在篮球训练和对抗中，难免会出现一些意外的受伤或突发情况，教师承担着保障学生在教学活动中安全的重要职责。

最后，高校可以带领体育教师参加有众多优秀体育教师分享经验的讲座，促进教师交流与沟通，通过相互的经验分享提升所有教师的教学质量，使篮球教学更加高效。

（六）制定适当的教学目标

高校体育教学应该制定详细且可行的教学目标，既要符合实际情况，也要考虑不同学生身体素质之间的差异。如果仅以强化学生的篮球技巧为教学目标，则很难真正吸引学生自主学习的兴趣。合适的教学目标可以起到事半功倍的效果。

首先，保持健康的身体和良好的运动习惯，对每个人的生活、工作和学习都有重要的作用。因此，教师应该向学生灌输体育运动的重要性，从而引起学生的重视和自主学习的兴趣，逐步培养学生养成体育锻炼的好习惯，增强体魄。

其次，通过篮球教学的相互对抗和竞争，培养学生的竞争意识，使他们相互帮助、彼此合作，建立团队荣誉感，好使他们能在未来的职场中站稳脚跟，并得以向前发展。因此，教师在篮球教学中要制定详细的教学目标，进行有针对性的教学活动，这样才能更好发挥出每个学生的优势，为他们日后进入社会打下良好的基础。

（七）篮球教学的娱乐化

近几年，国家越来越重视全民健康问题，基础体育设施已经遍布各地，篮球的群众基础越来越广泛。为了响应全民健身的号召，教师应该将篮球教学变得更加娱乐化和大众化，吸引更多的人加入进来。例如，利用篮球的竞技性，教师可以设计简单有趣味的篮球游戏，将学生分组进行比赛，通过趣味性教学增加教学娱乐性和学生的学习兴趣，使学生在游戏的同时也达到锻炼身体的目的，逐步培养起学生锻炼身体的好习惯，为其之后进入社会奠定基础。

总的来说，我国高校篮球教学还面临着一系列问题，只有不断地进行完善，提高教师综合素质、制定可行的教学目标、增加篮球教学娱乐性，才能提高我国篮球教学的质量，促进学生身心健康发展。

第二节　高校篮球教学的原则与方法

在篮球教学活动中，合理的教学目标可以从根本上决定教学质量的好坏，指引教学任务的方向。但在具体的执行方面，还需要配套的原则与方法，从而进行更细致地完善和补充。

一、教学原则在篮球教学运动中的运用

（一）篮球运动课堂教学原则

教学活动要遵循一定的教学原则，这样可以保证教学活动的有序进行和教学质量。这些原则是先前优秀教师的教学活动以及丰富教学经验的总结，是他们教学思想和方法的浓缩。在篮球教学中，除了要遵循一般的教学原则，还要遵循篮球运动特有的专项教学原则。

1. 一般性原则

（1）自觉性原则

在篮球教学中，教师要着重培养学生自主学习的能力，具体从以下几方面入手。

第一，在教学中尊重学生学习主体的地位，鉴于此，学生首先要意识到学习的重要性，同时这也是推进他们持续前行的动力。此外，兴趣是最好的老师，是学生自主学习的不竭动力，只有学生对篮球真正感兴趣，才愿意花时间和精力进行学习，从而取得良好的学习效果。

第二，要充分发挥教师在教学活动中的重要作用，教师应该做到以下几点。

①虽然学生的能力各不相同，而且在身体素质和心理上存在着差别，但每个学生的学习机会是一样的。在教学活动中，教师要对所有学生一视同仁，尊重每个学生之间的差异性，让每个学生都能进行有效的教学。除此以外，在学习的过程中，学生自身也有需要完善的地方，此时老师需要给予及时的指导，对于表现优秀的学生，要及时表扬称赞；对于表现较差的学生，要加以鼓励；对于懒散的学生，要端正其学习态度。通过教师合理的引导，学生会认识到学习的重要性，发挥自己的学习潜力。

②加强对学生的引导，激发他们对篮球的兴趣，并逐渐养成长期篮球运动的好习惯。对于篮球爱好者而言，篮球是一项洋溢着激情和活力的运动，况且篮球运动对人的身心健康有益处，所以在日常教学过程中，教师应该向学生展

现篮球运动的优势和益处，让学生明白篮球运动的重要性，这样他们才能主动参与篮球运动。同时教师也要采取丰富多样的教学方法，增添课程的趣味性，将理论与实践结合起来，提高学生的篮球水平。

③教师应注意建立民主平等的师生关系，创造一个生动、和谐的教学环境。

（2）直观性原则

直观性指的是人们可以利用听觉、视觉和触觉等方式直接感受事物的一种特性。在篮球教学过程中，教师可以充分发挥学生的这一特性，让学生用各种方式充分发挥自身的主观能动性，调动全身的感官，亲自参与到篮球运动中，感受篮球运动的每一处细节，从而更好地体会篮球运动的魅力，以产生学习的兴趣。

在篮球教学中，常用的直观教学法主要有动作示范、沙盘演示、观看视频和技战术图片等。同时在篮球运动中，人们可以从以下几方面更好地贯彻直观性原则。

①要有明确的目的和要求。这是篮球教学中直观性最基本的要求。这主要指的是在篮球教学中，所有教学活动进行和教学方法实施都要有确定的目的，同时还要能够根据实际情况进行调整，并最终达到相应的要求。

②启发学生的思维。直观性教学的最显著的优点在于可以让学生亲自参与教学，教学过程中的每一处细节都可以通过最直接的方式进行体验，加强教学效果。但同时也要注重启发学生思维，培养其独立思考的能力，使其将直观的亲身体验和思维活动结合起来，并通过之后不断的练习和经验总结，更熟练地掌握篮球技巧。

③充分调动学生的感官。在篮球教学中践行直观性原则需要学生调动包括听觉、视觉、触觉在内的所有感官，并亲自实践。这种做法可以使学生亲身感受到每个篮球技巧的要领所在，将学习到的理论知识转化为实践操作，加深印象，提高学习效率。这种自主性学习也有利于培养学生的学习兴趣，增强学生的学习积极性。

（3）渐进性原则

人们接受新事物时，其认知不是一步达成的，而要经过不断了解和摸索的过程，而该过程需要经历从简单到复杂、从低级到高级的过渡。因此，在从事体育教学的时候，教师对于这个规律应该加以充分理解和认识，在课程设计中要体现出循环渐进的特点，通过知识递进式的学习逐步掌握篮球相关技巧和方法。在贯彻渐进性原则的过程中，人们应该注重以下几个方面。

①要注意教学内容的系统性。篮球教学时间跨度长，内容繁多且复杂，每

一时间段的教学内容也不尽相同。为了教学能够顺利进行，提高教学效率，制定系统性的教学方案是很有必要的。系统性的教学有利于逐步培养学生的知识体系，同时也要求教师在这个过程中要遵循篮球教学规律，明确大纲要求，有规划、有效率地开展教学活动。

②要注意教学方法的系统性。在篮球教学过程中，学生从入门到真正掌握篮球技巧一般要经历三个阶段：第一个阶段是泛化阶段，指的是让学生对篮球运动有一个初步定位和认知；第二个阶段是分化阶段，使学生的技术和水平在基础之上得以巩固与发展；第三个阶段是自动化阶段，此时学生已经能够熟练掌握技巧。在这三个阶段中，学生的学习过程是累积递进的，每个阶段都有其独特的教学方法和思路。因此，教师在不同的教学阶段要采取不同的教学方法。

③要合理安排运动负荷。在篮球教学过程中要注重教学强度的安排，有时候教学强度过高会使身体高负荷运转，但在正常的体育训练中，适度的疲劳也会产生积极的作用，可以有效提升人的体能，促进超量恢复形成，有利于增强体魄，强身健体。但体育训练也要遵循适度的原则，经常性的过度疲劳也会给身体带来损伤。

由于成长环境和先天性的差异，每个人的身体素质是不相同的。因此教师在篮球教学中要因人而异，合理设置课程强度，使课程教学趋向合理化，真正达成教学目的，产生良好的教学效果。从广义上来看，运动负荷适量性原则会涉及一个有序性问题，也就是从小到大，以及大中小的问题。人在运动的时候很容易出现疲劳的现象，教师应该根据教学场地、天气、环境等外部条件和学生身体素质等因素，使教学更加合理、科学。

2. 专项性原则

上面所叙述的都属于课堂教学中的一般性原则，我们需要把运动技能的公开性和对抗性作为依据，进一步研究篮球运动独有的特点以及相应的教学经验。通过认知策略的层面看，体育教学主要有以下几项教学原则，也被称为专项性原则。

（1）技术个体化和区别对待

在篮球教学过程中，篮球技术的动作要领是能够被人们直观发现的，同时也是检验学生篮球水平的直接方式。因此，学生都普遍追求技术的规范性。但首先学生最重要的是要明白什么样的动作是规范的，其次才能明白应该怎样做才能达到规范的效果。所谓规范，指的是篮球的基本动作要符合人体运动学特征，体现出实用和节省的特征。但是具体来说，每个人的身体素质、形态以及行为方式都有很大区别，因此动作的规范性具体到每个人来说，也都呈现出不一样的形式。只要符合教学目的，能体现出篮球运动的技术和要领，那么就可以允许存在一定的差异，只不过个性化的表现也是有所限定的，而这些应该以规范的篮球教学作为基础，还有就是整体的规则和理念以及战术思想应尽量保持一致。此外，学生之间篮球水平存在较大差异，但只要对教学效果没有大的影响，也是符合规范性的。针对这种情况，教师要因材施教，根据学生的不同身体情况及时调整教学方式。

（2）实效性

实效性指的是篮球教学要注重实际效果，具体可以从以下几方面入手。

第一，从学生的实际情况入手，分析在篮球教学中存在的矛盾，区分其中的主要矛盾和次要矛盾，以此为根据判别篮球教学过程中的主要问题和次要问题。

第二，为了提高篮球教学的普及性，吸引更多的人加入进来，有必要简化篮球教学过程，使之简单易于操作。在同样的教学时间内，既可以让学生掌握篮球技能，也可以达到增强体魄和提升能力的效果，而这些也是在教学中采用实效性原则的意义所在。

第三，教师需要对有关篮球运动的教材和教学方法做深入地研究，并要不断调整教学方式和方法，在个人教学中更好地融入现代化元素。

第四，在篮球运动的技战术教学中要精讲多练，精讲是在深入分析篮球运动教材和学生实际的基础上实现的；多练是指设计符合篮球运动特点和学生实际水平的练习方法，给学生更多实践的机会。

（3）专门性知觉优先发展

篮球运动注重对篮球的专门性知觉的发展，也就是"球性"。通过大量的触球、拍球和控球训练使手指、手腕适应和熟悉球的感觉，以便在运动中能够更好地控制篮球，促使其技术水平提高。

专门性知觉优先发展是篮球运动特有的教学原则。

（4）学习技术动作与实战对抗运用相结合

篮球运动的主要比赛过程是进攻和防守，其中的攻守对抗和攻守转换是该运动的核心部分。在此运动中，双方运动员是互相对抗的，可见对抗性和开放性是篮球运动的主要体现，所以在教学实践过程中最重要的是实战对抗能力练习。正因为激烈的对抗，篮球比赛才呈现出惊心动魄的场面，使篮球运动更具观赏性和竞技性，没有足够的对抗性，篮球运动也就不符其实了。

由于对抗性在篮球运动中具有重要的作用，因此教师要重视对抗性的演练，在安排课程和设置教学计划的时候，要将对抗性作为篮球教学的重点，并合理安排与其他教学内容之间的关系。教师在篮球教学中也要注意教导学生在实践中学习应用技术。为了更好锻炼学生的对抗性，可以先从防守练习做起，通过进攻来提升他们的防守水平，或通过防守让学生学会更多的进攻套路。只有在实际练习中才能领悟篮球对抗性的真谛，在不断的对抗中提升篮球水平。

同时在对抗性的演练中要注重攻守平衡，切不可重攻轻守或重守轻攻。只有将攻守结合起来，在实际中互相渗透、不断学习，才能从整体上提升篮球水平。

（5）多样性与综合性

篮球运动是一项极其丰富多彩的运动，在实践运动中，它有着鲜明的特点，比如综合性的技能、对抗性的比赛、应变性的战术、团体性的项目。篮球运动教学过程中，理论和实践是紧密相连的。篮球运动既是激烈的体育竞技比赛，同时又具有充足的观赏性，因此篮球运动体现出了综合性和多样性的原则。在篮球教学中，要遵循这些原则应该从以下几方面入手。

第一，从单个技术动作练习入手，并逐渐将组合技术和综合技术练习结合起来。篮球教学中，单个技术动作是最简单的练习，是组成组合技术和综合技术的基础。练习单个技术动作时要注重规范性要求，而组合技术和综合技术练习是多种单个技术组合而形成的，其内容复杂、形式多样，练习的难度也较大，但组合技术和综合技术练习可以有效提升篮球技术的实际运用水平。各种篮球技术之间的组合与衔接，充分体现了篮球运动的综合性，在篮球教学中，学生不仅要掌握良好的篮球技术基础，更要注重对综合技术运用能力的培养。

第二，在进行篮球教学时，重视技战术与意识相融合、身体锻炼与作风培养相融合。篮球是一项充满对抗性，节奏较强、高强度的体育活动，这不仅要求运动员具有充沛的体能，更要在瞬息万变的节奏变化中有着清醒的思维，因此对于运动员的体力和智力都有一定的要求。在篮球教学中，学生除了掌握丰富的篮球技巧，也要学会思考，养成阅读比赛的能力。

第三，采用多样的教学方法和教学形式。对于基础的传球练习来说，在实际练习中可以运用不同的教学方法进行针对性练习。例如，传球可以分为原地传球、移动传球、行进间传球、配合传球等形式。同时，由于教学场地、环境以及学生自身情况等原因，实际教学不能完全照搬教材，因此教师要根据现实情况的变化调整教学方法。多样的教学方法和形式可以使学生更快掌握篮球技术，对于身心健康的锻炼都有着重要的作用。

（二）篮球运动教学原则

篮球运动教学往往需要把篮球运动的规律作为依据，同时训练的过程中一定要遵循基本的规则，这些对于具体的训练有着一定指导意义。篮球训练的教学原则分为很多种，比如直观性原则、自觉积极性原则、辩证性原则、持续性原则、循序渐进原则，还包括身体训练的保护与恢复原则等，下面把其中的几种原则介绍一下。

1. 直观性原则

无论在篮球理论知识的学习中还是在篮球技术的锻炼中，教师都要遵循直观性原则，引导学生充分调动全身的感觉知觉，通过思维活动深刻理解篮球运动。直观性的教学方式有利于学生亲自参与篮球运动，在真实的体验中将理论知识转化为实际运用，并形成独特的认识。通过一定时间的教学有助于激发队员们的积极性，并逐步提升他们的篮球竞技实力。

在篮球训练的各个阶段，运动员都要充分运用自身的感官去体会和深化动作。通过视觉、听觉、触觉等多种感觉器官所得到的形象化认识，能有效帮助运动员进行正确思考和掌握运动技能。在篮球教学中，人们应该从以下几方面入手遵循直观性原则。

（1）重视训练初期的示范教学

通过动作示范教学，可以帮助学生更快掌握每个动作的训练要点，动作示范包括正确的动作示范和错误的动作示范。正确的动作示范从正面的角度直观地向学生演示动作标准，而错误的动作示范则可以起到对照的作用，通过对比，学生可以清楚地认识到自己不规范的地方，以吸取教训。在篮球教学的初期，为了便于学生理解，教师可以将动作进行拆分示范，帮助学生掌握每个动作的细节和要点，对于一些高难度的训练动作，可通过增加触觉和体感的方式示范正确的动作。初期的示范教学在整个篮球教学中有着重要的作用，是学生能够继续学习篮球技巧的基础。

（2）利用现代化教学设备进行训练

利用现代化教学设备可以使篮球教学达到事半功倍的效果。常见的教学方式有挂图、现代影像技术等。现代化教学设备可以将具有难度的动作形象地展示出来，便于学生理解，同时学生也可以通过观看其他高水平运动员的训练影像体会动作的规范性和完整性，这不仅可以开阔视野，还能激发学生的学习兴趣。

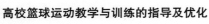

2. 自觉积极性原则

在篮球教学中，如果仅靠教师在课堂上的引导是很难进步的。"师父领进门修行在个人"，教师要对学生进行启发教育，转变学生对篮球教学的认识，使学生养成自主学习的能力，从而积极地投入运动中，以创造性的视角来完成训练。

只有拥有明确的教学目标，学生才有充足的学习动力，才能自发地、积极地投身于篮球运动中。因此，训练目的对于学生学习积极性的培养具有重要的作用。具体来说，我们可以从以下几方面入手遵循自觉积极性原则。

（1）加强学生的目的性和价值观教育

篮球运动是具有明确目的性和意识性的，整个运动过程都伴随着目的性的引导。篮球运动训练有助于人体健康，并激发运动潜能。持之以恒的篮球训练活动能够提升锻炼者个人的身体素质。

通过各种方式的篮球运动训练，可以培养学生的目的性，使学生从个人、家庭、集体、民族、国家的重要性及其巨大的社会价值中获得鼓励和激励，从而树立为之奋斗、拼搏的志向。

（2）发挥学生在训练中的主体作用

学生是学习的主体，在篮球训练中，要发挥运动员的主体作用。首先，学生一定要对训练的内容、目的、人物、计划等有所认识；其次，学生也可以作为运动计划的参与者，来对训练计划进行总结，从而帮助他们实现主动的训练；最后，每一个学生都有其独有的特征和思想，因此在教学过程中，教师要对学生进行个性化教学，帮助学生养成独立思考的习惯。

（3）根据不同的年龄阶段安排相应的训练内容

不同年龄阶段的学生其心理成熟程度不同，有着不同的看法、思想和兴趣。因此，在篮球教学中教师要因人而异，抓住学生不同的心理特征，有针对性地安排差异性的教学内容，满足所有学生的学习需求。例如，对于低年龄段的学生，教师可以通过游戏的方式引导学生训练，利用做游戏的愉快心理引起学生对篮球的兴趣，从而满足他们的心理需求，逐步建立起篮球训练思维。

3. 辩证性原则

辩证性原则通常用于不同的问题和规律。通常来说，辩证性原则包括相对应的两方，这种训练原则在篮球运动训练中经常出现。篮球运动训练中主要遵循的辩证性原则如下。

（1）一般训练与专项训练相结合

一般训练是篮球训练的基础，可以帮助学生掌握基本的篮球技巧和动作规范；而专项训练具有针对性，可以有效提升学生的某一薄弱项目水平。将一般训练和专项训练结合起来，可以从整体和部分、一般和特殊的角度更好地进行篮球训练，明确各个阶段训练中的任务、特点和训练对象，提升运动员对篮球的认识。

学生要注重自身篮球技术的全面发展，因此在训练中，教师应该通过不同的训练方法对运动员进行全面训练。在技术训练的同时教师也要加强学生非专项理论知识的学习，从理论知识和实际训练两方面提升学生的篮球水平。

学生的身体素质与技术动作之间是相互促进、相辅相成的关系，具体体现为进行技术训练的前提是良好的身体素质，同时良好的身体素质也为技术训练提供了有力的保障。唯有经过扎实的日常训练，才能在比赛中发挥出理想的效果。

（2）统一安排与区别对待相结合

统一安排是指所有学生都要遵循相同的训练原则，在同一时间，他们按照相同的方法进行训练，以实现共同提高。区别对待则与之相反，由于每个人的身体素质、学习需求、个性特征等不尽相同，因此该原则主要针对个人训练，在教程设置和教学方法上因材施教，对每个学生都进行有针对性的教学。

统一安排和区别对待的结合可以有效提升训练效果，教师要关注学生的训练水平、身体素质、个人技术等方面的不同之处，将两种原则结合起来加以灵活运用。

（3）个人训练与全队训练相结合

个人训练指在篮球教学中，个人根据自身情况进行针对性训练；全队训练指所有学生在教师的引导下，通过相互配合与协作，进行全队的技战术练习，提升团队的配合和默契程度。

每个人都是独立的个体，在身体素质、思维理解等方面都存在着明显的区别。相同的训练内容具体到每个学生身上，都会呈现出不同的训练效果，因此在篮球教学中，教师要针对每个学生的个性特点，安排不同的训练内容，扮演不同的训练角色。同时，也要针对学生的不同训练需求，选用合适的训练方法。只有通过针对性练习，每个学生各自的优势才能得到最大化的发挥，激发学生们的潜能。

（4）全面发展与特长技术相结合

通过观察现代篮球的发展历程我们可以发现，篮球运动员要想有所作为，

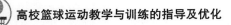

发挥出顶尖的水平，必须满足两个条件。

首先，成为一名优秀运动员的前提是能够熟练运用各类篮球技术。为达到这样的目标，就要求运动员不断精进自己的篮球技术，找到自己的缺漏和不足，并及时补足这些缺漏之处。在此基础上，篮球运动员还要能将学到的技术转化为实际操作，能够在比赛中真正发挥出来。

其次，在篮球运动发展过程中，技术并不是一成不变的，随着外界环境的改变，以及人们对篮球的观念和实际需求更新，篮球技术也在不断增加新的内容和形式，这就要求运动员转变思维方式，紧跟篮球发展的脚步，要具有符合自身特长的独特技术，这样才能在篮球比赛中克敌制胜，不断取得好成绩。

4.持续性原则

任何运动的技术都不是短时间内就能掌握的，必须通过持之以恒的锻炼。在长期的篮球训练中，人的肌肉会不断增强，篮球技术也会更加熟练，经过持久的练习之后，篮球水平就会有很大的提高。但如果无法长期坚持下去，那么之前一切的锻炼成果就会逐渐消失，篮球训练同样如此。因此，持续性原则是提高篮球水平的充分必要条件。

（1）不断增加训练内容和训练负荷

持续的、低强度的训练是起不到提高技术水平的作用的，只有在超过身体负荷强度的训练下，技术才会进步。但要注重循序渐进，随着训练进程的不断深入，逐渐增加训练强度，让身体有个适应的过程。具体来说，在训练中要遵循从低到高、由易到难、由简入繁的层层递进训练原则。同时，在这个训练原则的基础上，要利用合适的训练方法，只有将训练内容和方法结合起来，才能对学生篮球技术的提高起到促进作用。此外，影响训练负荷的一个重要因素是运动员自身的真实水平，尤其是在训练技战术的配合时，为了保障整个团队能够配合良好，从而取得好成绩，教练会根据各个学生的真实水平来安排训练内容和负荷。

（2）合理控制间歇时间

在高强度的训练中，要合理地利用间歇时间。运动员技战术的掌握过程实质上是条件反射、动力定型的形成过程，如果间歇时间太短，肌肉得不到足够的休息，容易受伤；而如果间歇时间过长，之前通过训练已经建立的神经联系和形成的肌肉记忆就会逐渐消失，已掌握的技战术就会生疏，即使是原来已达到条件反射程度的技战术也会变得不熟练，以至产生各种错误，同样也会造成身体机能的退化。

（3）巩固和提高机能适应性

随着训练方式的变化，运动员的机体也会随之变化，这种变化既有来自生理和形态方面的变化，还会有生理和心理技能方面适应性的变化。体育锻炼可以重新塑造一个人的形态，还可以对其心理和生理产生深远的影响，同时提升运动员的适应性。但这种影响也不是一蹴而就的，只有经过持之以恒的训练，才会使运动员形成变化。因此，运动员必须进行不断的训练，提高自身适应性和身体素质。

5. 循序渐进原则

循序渐进原则指的是在篮球训练的过程中，在不断增加训练内容、训练强度的基础上形成的自然规律，也就是从小到大、从简单到复杂、由易到难的过程。训练过程中一旦急于求成将无法取得好成绩，更严重可能会受伤损害身体健康。遵循循序渐进的原则时应注意以下几个方面。

（1）系统性训练

循序渐进性原则要求篮球运动训练必须系统化，对训练的难易程度及攻守技战术练习体系进行系统安排，这样的训练才更具有合理性，更能有效提升学生的训练效果。只有在掌握基础训练内容的基础上才能实现队员之间的相互配合，进行全队的战术训练。

（2）阶段性训练

篮球训练要根据内容的难易程度分阶段进行练习。具体来说，篮球训练可以分为以下三个阶段。

第一，形成阶段。学生进行训练可引起机体的适应性变化，使机体能力、身体素质、心理品质和专项技战术不断得到提高，从而形成统一的、具有专项化特征的竞技状态。

第二，保持阶段。学生要将自己的运动潜能全部激发出来，在比赛中取得好成绩

第三，消失阶段。在高强度的训练过程中，身体极易产生疲劳，会使身体器官的机能产生一定损伤。因此在训练过程中，学生要注重通过休息缓解疲劳，这个时候，学生则需要通过持续调整、恢复和训练，才可以进入一个全新的训练周期。

二、篮球运动教学的步骤与方法

（一）篮球运动技术教学的步骤与方法

随着学生水平变化，这意味着篮球技术教学同样需要随之做相应的调整，对于篮球初学者和已经掌握了一定篮球基础的学生应当分别采用不同的教学方法和内容。

1. 建立正确的技术动作概念

（1）讲解

教师在给学生讲解篮球技术动作时，要做到以下几点。

①讲解要生动、简洁、形象，能够吸引学生兴趣。

②在讲解过程中，对于篮球中的专有名词、概念、术语、关键技巧等内容，要做到通俗易懂、讲解全面。

③在讲解过程中应该注重内容的主次之分。对于重点内容，要着重讲解，同时在讲解时要注意创新。

（2）示范

有些概念性的知识或动作技巧等内容比较抽象，如果只通过口头讲解无法形成深刻的印象和直观的感受。因此，对于这些内容教师要进行亲自示范。示范也是讲解的一部分，通过观看示范动作，学生可以形成更具体的感受，加深了解程度。实际上，通常情况下教师在授课过程中会亲自做示范，以帮助学生进行理解和记忆。示范既可以在讲解前进行，也可以在讲解之后进行，教师具体采用何种方式，则要根据具体的教学进程和实际情况进行选择。

2. 形成正确的技术动力定型

（1）在简单条件下练习技术动作

一些相对简单的技术动作会比较容易被吸收运用，对于一些有难度的技术动作，可尝试通过分解法来推进练习。分解法的优势在于，可以将复杂的练习分解成一个个简单的动作，以便于学生观察和学习，使之变得更加简单，这么做将极大地提高训练的效果。

（2）掌握组合技术，巩固技术动作

篮球运动是一项综合性的体育运动，由许多连贯的篮球动作组合而成。在篮球训练中，人们可以尝试将不同的动作进行组合练习，这么做不但有助于巩固技术动作的学习成果，而且还使运动的速度加快。不过在对动作进行组合时，每个动作之间的衔接一定要连贯、自然且合理，这样才能使整套动作运用起来更加科学，有效提升练习效率。

（3）掌握假动作，提高应变能力

在篮球运动中，假动作有着巨大的作用，假动作可以迷惑对方，进而为之后一系列的进攻动作创造机会。因此，篮球训练中人们也要重视对假动作的练习，但是假动作必须在学生熟练掌握基础技术之后才可进行练习，通常在教师的引导下，让学生做出假投篮、假跨步、假突破的动作，假动作一定要逼真、流畅、灵活，同时也能锻炼学生的反应能力。

3.在攻守对抗的条件下进行练习

（1）在规定的攻守条件下进行练习

为了使篮球训练更有效率，加快训练节奏，人们可以在特定的攻守条件下进行练习，在训练之前，安排好攻守双方及各种的战术。在这样的训练条件下，学生们的技能水平可以得到快速提升，同时也有利于提高学生的学习兴趣。

（2）在消极对抗条件下进行练习

消极对抗是指当学生进行某一项训练时，通过降低对方效率，使学生更快掌握某一技巧的训练。例如，当学生练习防守时，可以稍微降低进攻方的进攻强度；或在练习进攻时，稍微降低防守方的防守效率。通过消极对抗练习学生可以更好地掌握防守和进攻的技巧，同时通过自身的亲自实践，他们可以有效认识到进攻或防守时的技术要点，通过重点练习，以提升篮球水平。

（3）在积极对抗条件下进行练习

经过之前各阶段的练习后，学生已经初步掌握了部分进攻和防守的技巧，教师在这个时候可以持续增加动作的难度，提升身体对抗强度，从而增加运动的负荷，让学生在真实比赛中体会比赛节奏，以更快适应比赛氛围。

（二）篮球运动战术教学的步骤与方法

进行篮球运动战术教学可以帮助学生将理论知识转化为实际操作技巧，以便其更熟练地运用篮球技巧从而适应真实比赛。在篮球战术教学中也要适当结合篮球技术的练习，只有将二者结合起来学习，篮球战术教学才能发挥最大效果。在开展篮球运动战术的教学过程中，教师通常会使用以下两个步骤与方法。

1.建立战术概念，掌握战术方法

（1）建立完整的战术概念

完整的战术演练需要全体队员的共同参与。因此在教学之前，教师应该首先对具体战术进行详细了解，之后再对学生进行讲解与分析，使学生充分了解战术概念。在熟悉战术概念之后，教师可以用理论结合实际的方法，让学生对该战术的组织形式和战术方法形成更加深刻的认识。

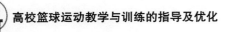

（2）掌握局部战术配合方法

全队战术是由各个局部战术组成的，队员对于局部战术的了解程度可以直接影响全队战术的发挥效果。队员对局部战术的掌握程度越高，全队战术的发挥效果就越好。因此在篮球教学中，教师要经常汇总学生的基本学习规律，把全队的战术进行合理分解，并把分解出来的局部战术分给各个队员，然后慢慢增加难度，还要对重点内容给予讲解，使所有的参与人员都能及时领会战术内容，使全体队员共同进步。

（3）掌握全队战术方法

人们在掌握局部战术的基础上才可以更进一步学习全队战术方法。在这样的教学条件下，学生要以全队战术为目标，帮助学生走出消极攻守的状态，化被动为主动，从而帮助学生更快地掌握全队配搭的战术方法。

2.提高战术运用和应变能力

战术学习时人们需要通过实际演练才能形成更深刻的学习印象，这对于提升个人战术水平及达到最终的学习成果有着重要的作用。因此在篮球教学中，教师应该给学生创造更多的实际演练的机会。例如，在教学中可以举办一些小型比赛，鼓励学生通过比赛熟悉战术知识，将理论和实践结合以更好地掌握学到的战术。在这个过程中，教师的指导起到至关重要的作用，比赛之前，教师要根据课程制定教学目标，好使学生清楚知道具体的要求；而比赛之后，教师要引导学生及时进行总结，分析比赛过程中出现的失误和不足，从而在实际运用与不断总结中提升篮球水平。

第三节　新时期高校篮球教学的创新

现阶段高校体育教学正在创新与改革，目的是全面推广素质教育理念，促进大学生实现全面发展，使其拥有强健体魄和健全人格，进而成长为符合时代发展的优秀人才。篮球课程教学对学生的成长成才起到了引导作用，有助于学生形成健全人格和坚韧的品质，教师在篮球课程教学过程中做到以学生为中心，能够有效提升篮球教学的实效性，对于发扬体育精神起到了重要的指导意义。

一、高校体育篮球教学改革创新的难点

（一）学生篮球运动能力参差不齐

高校体育篮球教学改革创新的首要难点体现在学生群体篮球运动能力高低不同这一层面上。因为学生之间的身体素质、运动能力等不尽相同，因此教师也就无法用更为普遍的教学方法进行教学。在篮球教学中，"教"与"学"是相互联系的整体，彼此之间有着紧密的关系。面对学生之间基础水平和运动水平不相同的局面时，教师想通过某种方式对全体学生进行教学就显得十分困难。尤其是在篮球教学改革方面，许多具有创新意识的方法在实际情况中难以得到落实，而学生在面对这些方法时，反应和理解能力也存在明显的区别，这严重阻碍了篮球教学改革的推行过程，教学创新正面临着越来越困难的形势。

（二）学生群体篮球运动兴趣差异性明显

目前，高校篮球教学面临的情况不容乐观，越来越多的学生对于篮球或者体育运动的兴趣持续偏低。这种局面使得高校体育篮球教学改革创新的道路异常坎坷。兴趣是最好的"老师"，篮球教学作为一门体育科目，与一般的文化课教学有着显著的区别。当学生普遍对篮球有较高兴趣时，整个教学活动会顺利有效地进行；但当大多学生对篮球的兴趣存在较大差异时，会严重阻碍篮球教学的进度。更严重的情况是，当学生对篮球的兴趣始终处于低迷时，一些篮球教学改革活动在实际中更是无法得到有效推行与落实，同时还会增加整个教学改革的压力。

（三）系统的篮球教学改革创新规划缺失

高校篮球教学改革创新所面临的尴尬境地往往与篮球教学改革创新缺乏有效的规划有关。大多数的高校体育教师虽然可以意识到教学改革创新的重要性和必要性，但缺乏从事相关改革活动的经验，在实际中无法落实到教学活动中。

同时，高校篮球教师对教学改革缺乏整体的、全面的认识，也没有合理的、适应改革的教学方式。大多数情况下，他们只是在机械、盲目地进行教学改革，而没有明确的目的和方向。教师创新教学方法也经常在不同时期、各个层面改来改去，缺乏系统理论做支撑。在这种局面下，高校体育篮球教学改革创新的整体性与系统性优势并没有较好凸显出来，且教学改革创新整体上的盲目性色彩极为浓重。长此以往高校体育教师就无法对体育教学改革形成清楚的认识，而由于教师是落实改革实践的关键，因此这也势必影响教学改革创新的进程。

二、高校体育篮球教学改革创新应遵循的原则

（一）树立"以学生为中心"的教学理念

为了使高校篮球教学改革事业合理发展，人们就必须转变教学观念，秉持以"以学生为中心"的教学理念，对传统的教学方法进行大胆创新。第一，突出教学活动中学生的主体地位，重视不同学生间的差异性和学习需求，进行个性化教学，同时教师在教学中要充分考虑学生的身体素质差异和身心特征；第二，教师要根据学生对篮球教学的不同需求，选用不同的训练方式进行针对性练习，如进行小组合作学习或者分层次教学，进而激发学生的训练兴趣，增加篮球教学的趣味性、直观性，满足学生的个性化需求，促进学生身心健康发展；第三，在教学过程中重视理论知识与实践的结合，不断优化高校篮球教学体系，从而使高校篮球理论与技术教学更为合理。

（二）注重学生篮球意识的培养

为了有效提升学生学习篮球的积极性，培养学生的学习兴趣，教师必须始终将"以学生为中心"作为核心点来布置各类培养篮球意识的教学活动。一方面，教师要向学生灌输终身锻炼的意识，引起学生对体育锻炼的足够重视，从而引导学生积极地参与体育锻炼，并通过篮球训练体现健身的好处；另一方面，在篮球教学过程中，教师可以适当加入篮球文化的学习，以提高学生的学习兴趣。文化熏陶有利于学生养成吃苦耐劳、团队配合的体育精神，树立积极的体育意识。同时，教师也要注重在教学内容的娱乐性与趣味性，这样可以使课堂更加生动有趣，在趣味学习中提升学生的篮球水平，达到健身的目的。

三、高校篮球教学改革创新的具体策略

（一）明确篮球课程的教学目标

在"以学生为中心的"的先进教学理念的指导下，要想进一步提升教学质量，还需要高校教师对理念中所包含的核心内容进行深入了解，并且针对学生的不同需求和学习水平制定符合实际需要且多元化的教学目标，从而为精心设计篮球课程教学做好充足准备。教学目标可以分为以下四部分。

①认知目标。高校应该加大对篮球运动的宣传力度，在学生群体中普及篮球运动的优点，帮助学生了解篮球的特点、规则、文化等，从而吸引更多的学生从事篮球锻炼。

②情感目标。篮球教学可以帮助学生养成自主学习的能力，培养学生良好的心理素质、气质，使学生形成坚韧、果敢的品质，从而提升学生的团队精神和荣誉感。

③技能目标。篮球教学可以提高学生的篮球技术水平，帮助学生掌握充足的理论知识和实际比赛战术。

④体质目标。篮球锻炼不仅可以使学生拥有良好的身体素质，还可以进一步扩展学生的思维，提升学生的道德素养。

（二）转变教师的教学理念

教师要转变教学理念，在教学中以学生为中心，实现从教师的"教"向以学生的"学"为中心的转变。转变教学理念有利于学生提高学习效率。同时，高校要将新的教学理念融入实际工作中。例如：

①把"以学生为中心"的教育理念融入学术研究中，对教学模式进行大胆创新，大力培养研究型、应用型、创新型人才；

②使篮球文化在课堂教学中得以彰显，带领学生多观看相关比赛，以使学生真实感受到篮球文化的底蕴和内涵，从而全面提升学生的综合素质。

（三）积极创新篮球教学方法

如今，高校篮球教学存在着单调枯燥、无法吸引学生学习兴趣的问题，同时训练强度大，重复训练内容较多，学生的身体素质无法适应高强度的教学。这些问题使高校篮球教学和学生需求无法融合，导致训练效率低下。因此，高校需要及时改变教学方法，注重教学效率。

1.采用灵活的教学模式与方法

在传统的教学方法中，教师以灌输的方式向学生教授知识，而学生只能被动地接受，这样也就难以对学生有困难的地方进行针对教学。因此，在教学中教师应该围绕"以学生为中心"的教学理念采用更加灵活的教学模式和方法来授课，积极探索创新式的教学方法，从而有效地提高教学效率。

第一，篮球教学中要加强教学的趣味性，注重师生之间的互动，比如教师可以在课堂中设置跑动传球小游戏，激发学生的兴趣，活跃课堂氛围，开展快乐篮球教学。

第二，在教学中利用多媒体技术，通过视频、动画的形式更生动地传授篮球知识，提升学生的学习热情。

第三，在讲解篮球技术动作的关键时，人们可以利用多媒体课件进行直观展示，对有困难的动作可以暂停、慢放或重复观看，加强记忆，提升学习效果。

第四，在教学过程中，教师既要针对学生进行个性化教学，也要注重学生之间的团队训练，以加强学生的团队意识和合作精神。

2. 合理运用以赛代练的授课形式

在篮球教学中，除了深入学习理论知识，还要进行篮球实战训练，提升学生的比赛技巧。目前，高校篮球教学主要采用以赛代练的方式，通过不断的比赛，学生可以在实践中强化对理论知识的理解，同时更快地掌握篮球实战技巧。首先，教师根据学生的学习情况和身体素质进行分组，组织学生进行对抗比赛，从而激发学生的积极性；其次，教师可以在一旁观战，这样可以对学生的学习成果有直观的了解，从而有针对性地对学生的不足之处进行训练；最后，教师对比赛进行点评，指出学生存在的问题和优势，对于不足要进行针对性练习，对于优势要继续强化。以赛代练的教课方式不但能调动学生学习篮球的兴趣和积极性，还能大大提升学生的训练效果。但值得注意的是，比赛之后教师要及时做好学生的心理辅导工作，避免其因比赛失误或失败而产生消极情绪。

3. 根据学生的兴趣来开展篮球教学

为了解决普遍存在的学生对于篮球运动缺乏兴趣的问题，培养学生的自主学习能力，从而使学生能以积极的心态学习篮球，教师应该在教学过程中更多地考虑学生的实际需求，根据学生的兴趣安排教学内容，提升课程内容的趣味性，通过逐步引导，使学生对篮球运动产生兴趣。因此，教师必须重视教学内容的设计。在教学过程中摒弃传统的灌输式教学方法，注重篮球实战训练，根据学生学习兴趣精心设计有趣的教学游戏。例如，在投篮练习中，教师可以根据学生的学习情况分组进行投篮比赛，活跃课堂气氛，在比赛中强化知识，提升学习效率。

4. 根据学生的兴趣来开展篮球教学

为了强化学生的篮球实战水平，教师应该更多地进行篮球教学实践活动。例如，教师可以组织学生成立篮球队，组织各篮球队进行比赛，在比赛中强化学生的理论知识，提升学生的篮球技能。同时，也可以组织班级间、学年间、院系间的篮球比赛活动，运用丰富的比赛形式来调动学生参与篮球实践的积极性，进而让篮球运动真正走进学生的生活，培养其良好的运动习惯。

（四）完善篮球课程教学评价

教学评价的重心不是对学生的学习成果进行打分，而在于要通过教学评价认识教学中存在的问题，为教学评价提供理论依据。教师应该转变评价思维，学生的学习成果不在于取得了多高的成绩，而在于对篮球知识的运用和动作的掌握程度，以及实际比赛能力。教学评价标准应该做出改变。

第一，完善评价原则，教师应根据学生在实际篮球训练中的表现随时进行评价，并引导学生进行自评和互评。

第二，完善评价方法，可采用范例展示、量规、学习契约的方式。

第三，完善评价内容，既要评价学生对基本动作和战术的掌握情况，又要将会打球、会做人等内容融入评价内容中，完善传接球、脚步动作等环节。

合理且完善的评价机制，更能突出以学生为中心的教学重心，落实教学中学生的主体地位，进而提升篮球育人的效果。

（五）培养学生养成良好的体育运动习惯

如今，大学生身体素质偏差，大多数没有养成运动的好习惯，对于篮球教学，没有端正学习态度，没有认识到其重要性，以至于篮球教学效果很差。篮球教学的目的在于通过锻炼提升学生的身体素质，培养学生养成热爱运动的好习惯，并树立终身运动的意识。因此，教师有必要让篮球运动真正走进学生的生活，促使其养成良好的体育运动习惯，进而不断提升学生的身体素质。例如，教师可以利用互联网技术搭建学习平台，上传学习资料，分享篮球知识，打破时间和空间的限制，鼓励学生养成自主学习的习惯。同时，教师还可以利用学习平台监督学生，督促其认真学习，提高学习效率。通过长期的坚持，学生可以逐渐养成进行篮球锻炼的习惯，并在生活中参与篮球活动，树立终身体育的意识。

（六）尊重学生的个体差异，促进其全面发展

学生在各方面都存在着差异性。素质教育鼓励学生个性化发展，教师应该以素质教育为主，根据学生之间的差异性因材施教，为不同的学生设置不同的教学任务，以满足所有学生的学习需求。教师可以根据学生的情况进行分层次教学，让每一个学生都能得到充足的学习机会，发挥各自的优势。对于基础较差的学生来说，教师可以更多地进行基础知识和动作的教学，降低教学难度，并对学生进行鼓励，激发其自信心和学习热情。对于已经掌握了初步篮球技巧的学生，教师应该为他们制定更高的教学标准。除了考虑身体素质和实际情况的差异，教师还要关注学生性别的不同，对不同性别的学生安排相应的教学任务。

总而言之,高校篮球教学作为高校体育教学中的重要部分,"以学生为中心"的教育理念对于提升高校篮球教学质量具有重要意义。"以学生为中心"的教育理念可以为学生创造更宽广的学习空间,充分考虑学生诉求,既可以有效提升其身体素质,又能够锻炼学生的综合能力,从而使其实现各方面的全面发展。因此,教师必须首先认识到"以学生为中心"的重要性,转变教学思路,以满足学生需求为前提设计教学内容,进行教学创新,完善教学评价,逐步培养学生热爱体育运动的习惯,确保学生全面健康成长。

第三章　高校篮球运动的教学研究

随着社会的发展，体育运动开始被赋予新的使命。高校篮球运动的发展对于我国职业篮球运动的发展有着十分重要的影响，对于篮球运动的教学研究已经成了当代体育界与教育界共同关注的课题。本章主要从高校篮球运动的基础——运动训练出发，然后将研究逐步延伸到高校篮球的技术、战术教学层面。

第一节　高校篮球运动训练的基本内容

体能训练是篮球运动训练的重要组成部分，它能帮助运动员更快地学习和掌握篮球的技战术，是促进篮球运动员全面发展的必要条件。它也是提高运动员身体机能、运动能力、减少运动损伤、延长运动寿命、培养顽强意志的有效手段。

随着现代篮球技战术的飞速发展，比赛的节奏越来越快，攻防对抗越来越激烈，双方运动员的身体接触也越来越频繁，这对运动员的身体素质提出了更高的要求。在篮球把对抗当作主题的今天，重新审视篮球运动中运动员身体素质的现状、重视和加强体育锻炼，对于高校篮球运动教学具有重要意义。

篮球运动员的体能训练分为一般体能训练和专项体能训练。一般体能训练是指运动训练中常用的训练方法，目的是提高运动员的身体素质水平、改善器官功能、全面提高其运动素质、改善运动员的体型和姿势。根据篮球专项运动的特点和人们对运动质量的特殊要求，篮球专项体能训练会采用与专项运动密切相关的训练手段和方法，用来提高运动员的专项运动素质。一般体能训练是专项身体素质训练的基础，它为运动员不断提高运动成绩提供了良好的基础条件。

然而，篮球运动员的体能训练对其身体素质的影响是多方面的。一种身体素质发生变化会对其他身体素质产生直接或间接的影响，其中有些是良性迁移，

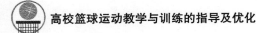

有些是不良迁移。因此，在安排体能训练时，人们既要考虑篮球竞技状态的形成过程，又要遵循身体素质均衡发展的内在规律，全面、系统、科学地安排训练计划，从而促进个人身体素质的全面发展。

一、体能训练

（一）体能的定义

体能作为运动员的重要基础，是体现一个运动员身体综合素质的重要标准，它是运动员在比赛中能够消耗的最大体力。它还代表着一个运动员的有氧运动能力和无氧运动能力，可以真实地将一个运动员的能量代谢水平呈现出来。

（二）体能训练的意义与作用

现代诸多的体育训练内容基础是体能训练，只有保证良好的体能训练，才能够完成其他训练内容，如技战术训练、心理训练等。没有良好的体能训练作为基础，运动员便不会有良好的竞技水平，也无法真正地提高自身的技战术水平。体能训练的作用主要为以下几个方面。

1. 促进身体健康

身体健康是保证一名运动员能够参与训练和比赛的基础条件，也是能够提升其技战术能力的先决条件。体能训练能够对人体的内脏器官进行改善和加强，尤其对于心肺、骨骼、肌肉、肌腱以及韧带的加强，另外还对中枢神经系统改善起着至关重要的作用。而在加强身体的同时，运动员还能够通过体能训练增加精神属性，克服惰性并培养良好的精神品质。体能训练可以有效地提升运动员的身体素质以防止伤病和疾病的侵袭。

2. 充分发展身体素质

如今很多项运动成绩被不断打破，这也是由于运动员在不断地提升自身的力量、体力、速度、爆发、耐力等各项身体素质的结果。体能训练就是运动员提高自身各项身体素质的主要方法。通过一系列科学的体能训练，运动员的各项身体素质都会得到有效增长，并且通过合理的训练安排和训练内容，运动员的各项身体素质增长不会出现"偏科"现象，使其运动能力真正达到全面、均衡地提升。

3. 保证有机体适应大负荷训练和比赛的需要

在现代竞技体育中，竞争是频繁而激烈的。运动员想要在重大的国际比赛中获胜并创造优异的成绩，只有通过高负荷的运动训练、熟练掌握特殊技战术才能实现。从第一届奥运会到现在，运动训练经历了自然发展阶段、新技术广泛应用阶段、大量运动阶段和多学科综合利用阶段（即科学训练阶段）。科学训练的重点之一是广泛运用现代科技成果，科学、系统地监控训练过程，并在此基础上，保证大量高负荷训练。

（三）体能训练的基本原则

训练原则是训练客观规律的反映，是依据运动训练活动的客观规律而确定的、组织运动训练所必须遵循的基本准则。在体能训练过程中应遵循的基本原则有系统不间断性原则、科学安排运动负荷原则、结合专项原则、区别对待原则。

1. 系统不间断性原则

系统不间断原则是指运动员从进行训练开始直到取得优异的比赛成绩为止，在这段时间内运动员要进行符合自身身体情况、合理的持续性训练。运动员或教练员要根据训练过程中的实际情况，进行不断调整、适应，并找出合理、规律的训练内容来让运动员身体逐步适应连续性的训练和发展性的规划的原则。运动员在训练中要始终坚持该原则，不但要对自身的训练进行不断的调整和系统的规划，还需要针对不同阶段的比赛、项目进行针对性的训练规划。特别是在运动员的身体达到了一定的成长阶段，自身的技术水平也磨炼的较为纯熟，运动员的各项能力都进入稳定状态后，更需要贯彻这一原则。此时，体育训练应以准确的体质诊断为基础，有计划、有针对性地安排训练负荷，探索进一步发展的可能性。

2. 科学安排运动负荷原则

科学安排运动负荷的原则是指运动员的训练规划应对训练强度、训练负荷、作息时间进行科学合理的有机融合，来保障运动员竞技水平的原则。在进行训练规划时，人们应依据运动员身体实际负荷所适应的特殊性、有效性和退化性，计算运动员在训练中所消耗的能量和物质，进行科学的安排。人体器官和组织对负荷应激的适应具有明显的特殊性。例如，在进行负荷下蹲力量训练时，训练的效果基本都体现在腿部伸肌群的力量上，对于腿部的屈肌群的效果很小。同样，采用不同负荷组合的训练对人类能量供应系统的影响也会产生其特殊性。例如，短时间的高强度训练可以作用于无氧功能系统，但对于有氧功能系统的影响却很小。为了能够使专项训练产生效果，教练在进行训练规划时应了解各种训练方法的特点。

3. 结合专项原则

结合专项原则是指在常规训练的基础上，运动员的训练内容还需要根据具体运动项目的技战术特点进行规划，将运动员的身体素质能力充分发挥出来，进而使运动员能够在比赛中取得良好成绩的原则。其主要的根据有以下几点：第一，运动员进行训练的目的是取得优异的比赛成绩，在进行训练规划时不可脱离具体的运动项目；第二，运动员的基础训练对于技战术训练非常重要，而科学合理的训练规划才能够把体能训练与技战术训练进行有机结合，这样运动员在实际的训练中才能够迅速地提高技战术水平，从而达到良好的训练效果。结合专项训练能够有助于运动员适应运动项目的特定形态和特殊要求。

4. 区别对待原则

运动员的训练效果是通过其自身的身体变化来呈现的。因为每个运动员的身体条件不尽相同，想取得良好的训练效果就需要有针对性的安排训练内容。教练要根据每个运动员的身体特点、年龄、性别、机体水平、心理状态等因素安排不同的训练内容。在进行训练规划之前，教练要清楚地了解每个运动员的训练动机、训练水平、训练时间以及能够承担的负荷量等训练要素。在训练中其要时刻掌握运动员的训练动态，分析运动员的具体情况，进行针对性调整，以使运动员可以在不同的训练阶段完成训练内容。

二、高校篮球运动的专项身体素质训练

（一）高校篮球运动的力量素质训练

力量素质在篮球运动的诸多素质中排在第一位，它是篮球运动其他身体素质的基础。力量素质的提升能够带动其他素质的发展，与此同时，还能够提升运动员的篮球技术水平；力量素质的提升同时还能够在一定程度上预防肌肉拉伤等意外伤病，能够让运动员在赛场上迅速建立心理优势。总之，力量素质对于运动员能否取得优异的成绩有着关键作用。

1. 力量素质的种类

力量素质的分类标准有很多，通常情况下是根据强度的差异进行分类。在训练中，教练要根据力量分类的不同采用不同的训练方式。依据人体肌肉克服阻力的形式，力量素质可分为三大类，分别为最大力量、速度力量以及力量耐力。

①最大力量。其又被称作绝对力量，指的是运动员的身体或身体中的一部分肌肉能够克服的最大阻力。该素质是伴随肌肉的体积增加而增加的。

②速度力量。它指的是人体的肌肉在运动过程中可以快速克服阻力的能力。速度力量是一种特殊的力量素质，它是力量与速度的有机结合。爆发力就是最有代表性的速度力量之一，爆发力需要运动员能在最短时间内爆发出最大的力量。在肌肉克服阻力的过程中，阻力越大，速度就越慢。

③力量耐力。它指的是运动员的肌肉能够长期克服阻力的能力，阻力越大，肌肉的移动时间就越短。当肌肉克服了一定的小阻力时，才能够保持长时间的运动。

2. 篮球专项力量素质的特征

篮球运动员的力量素质要求具备全面发展的特征。因此，运动员在进行提高力量素质的训练时既要注重对上肢、下肢的训练，还需要兼顾腰部、背部的肌群发展。另外，还需要同时锻炼耐久力、爆发力、最大力量，使运动员能够在高强度的比赛中保持运动能力。教练在进行训练规划时一定要进行全面、系统的规划，不能只发展单项力量素质而忽视其他。

现代篮球运动需要运动员具备良好的身体素质。不仅要求身高臂长，还要求敏捷与力量兼备，有着强大的爆发力和耐久力。同时，运动员能否在比赛的过程中适应激烈的对抗，也是影响比赛结果的关键。

3. 篮球专项力量素质训练的要求

①在进行训练规划时要有针对性地训练运动员的薄弱项目，安排力量素质训练时不可"一刀切"。

②在进行训练规划时应以力量训练为主，强化运动员的毛细血管网。在对青少年运动员进行训练规划时要以小负荷力量训练为主，以防造成运动损伤。通常情况下篮球运动员的身体力量在 20 岁时会达到峰值，因此大负荷的力量训练应该安排在运动员 16 岁或 16 岁之后。

③在进行训练规划时一定要遵守科学训练原则。篮球运动要求运动员的力量素质较为全面，需要在训练时进行不同力量素质训练。通常情况下，在规划训练内容时要注重训练爆发力。

④篮球运动员的力量训练要及时安排。教练可以根据力量训练后疲劳的特点和消除规律专门组织力量训练，安排一周或三天的训练，也可以安排不同肌肉群的交替训练。

4. 篮球专项力量素质训练的主要方法

（1）最大力量素质训练的主要方法

对最大力量进行训练有两种方式：一是对运动员的肌肉生理横截面进行锻炼，以增加肌肉的收缩力；二是需要训练运动员的肌肉协调性，提高神经系统控制肌肉的能力。

①最大力量训练增加肌肉生理截面。要想增加运动员的肌肉生理横截面，达到最大力量训练的理想效果，就需要制定科学的训练内容；要规划合理的负荷训练、安排好重复的次数和组数以及训练项目之间的间隔时间。

A. 负荷训练。通常情况是进行负重训练，以运动员最大体重的 60% ～ 85% 为负荷强度进行规定动作训练。负荷训练能够增强肌肉的最大体积和肌肉生理横截面，但是不宜训练过度。训练时要注意 100% 的极限负荷强度界限。此类训练可安排每周一次或两次。

B. 练习重复次数和组数。练习一般为每组 4 ～ 8 次，可做 5 ～ 8 组。在练习时必须保证最后几组的完成质量，这样才能充分改善肌肉的能量供应，扩大肌肉的横截面。因为最后几组的练习次数和运动量、最大运动单位参加工作的单位数与完成极限载荷的训练是相似的。

C. 练习的持续时间。运动员在进行训练时要注意动作速度不能过快，动作要平稳、标准，不可有停滞。

②最大力量训练，提高肌肉协调性。

A. 负荷强度。通常训练是根据运动员的最大体重安排 8.5% 的负荷强度。该强度能够加强中枢神经活动的频率和强度，促使其调动更多的运动单位进行运动。

B. 重复和分组的数量。运动员在训练时做 5 ～ 8 组，每组 1 ～ 3 次。训练时以每组训练完成的强度和数量为标准，对高水平的运动员可适当增加数量。

C. 练习时间。每次动作的速度要快，要带有一定的爆发力，一般 2 秒完成一次动作。

静态等距运动和等速运动也可以用来发展最大的力量。静态等距练习通常使用高强度和极限强度，即最大强度。每次练习的持续时间为 5 ～ 6 秒。在训练课上，所有静态等距练习一般不超过 15 分钟。等速运动需要使用等速训练器预先校准运动速度和肌肉张力。等速运动是指在运动速度基本不变的情况下，肌肉在整个运动过程中能发挥较大的力量，因为每个关节的受力基本相等，所以它具有等距运动的优点。每组练习 4 ～ 8 次，5 ～ 8 组即可。小组之间的间隔时间需要保持充足。

（2）速度力量训练的主要方法

速度力量是一种特殊的力量素质，它是力量与速度的有机结合体，同时具备了力量和速度的特征。对于运动员的速度力量训练规划需要教练根据运动员具体表现出的最大极限速度力量来进行安排。只有提高运动员的最大力量的速度才能达成速度力量的训练效果。

①如何在负重运动中发展速度和力量。

A. 负荷强度需合适。在进行训练规划时，教练要对运动员的最大极限速度力量有充分的认知，不能让负荷强度过大。一旦负荷强度过大便会影响动作的速度，但如果负荷强度过小，运动员进行的训练便无法达到效果。通常情况下会根据运动员的最大体重安排 4% ～ 6% 的负荷强度，若对象是高水平运动员可考虑增加负荷强度，该训练能够让运动员在训练过程中感受到自身速度与力量的最大极限。若想训练运动员的爆发力，可适当增加负荷强度，但一般情况下负荷强度不得高于运动员最大体重的 40%。

B. 练习次数。运动员在训练时做 3 ～ 6 组训练动作，每组动作练习 5 ～ 10 次。

②如何在不负重的情况下发展速度动力。

对非负重运动训练进行规划时，可重点安排下肢力量与速度的训练。例如，单脚和双足跳高、跳远等项目；同时安排上肢和核心力量的训练，如借助排球进行扣球练习和投掷动作练习等；也可以进行小负荷练习动作，如哑铃、棒球、滑轮等辅助项目。通过多元化的训练内容提高运动员的运动速度以达到力量训练的目的。

A. 跳远练习。跳远训练的主要作用是训练下肢的力量和速度，尤其是对于爆发力的训练非常有效。在训练过程中，通常采用连续跳远和跨越障碍物等方式进行训练。

连续跳远练习落地时，用前脚先触地，再到整只脚触地，注意防止脚跟先着地，避免脊椎过度振动造成脚跟挫伤和运动损伤。每组次数 6 ～ 10 次，共做 5 ～ 6 组。

跨越障碍物的高度应适当，障碍物之间的距离以连续跨越下一个障碍物为准，不可停滞。跳台（楼梯）练习时还应保持动作的连续性。这些练习可以是两足的，也可以是单足的。练习前做好充分准备，防止肌肉拉伤和踝关节扭伤。

B. 完成专项竞技动作的快速训练。该训练可以采用徒手或轻器械的方式进行训练。该训练的主要目的是训练运动员的运动速度，以提高其快速动力。训练时可以安排运动员做 6 ～ 10 组动作，每组动作练习 6 ～ 10 次，每组之间的间隔时间为 2～3 分钟。训练时要注意动作需快速有力，并且安排一些适应比赛的特殊动作。

（3）力量耐力训练的主要方法

对于力量耐力的产生影响不仅是肌肉的力量，运动员的呼吸系统、血液循环系统以及有氧代谢能力同样重要。以此进行全面的训练来满足肌肉的能量供应。

最大力量与力量耐力有关，不同运动员完成同一负荷的重复次数取决于其最大力量的大小。力量耐力训练的基本要素如下。

①训练的强度。在进行力量耐力训练规划时，教练根据运动员最大体重的 75%～80% 来决定负荷强度，采用这样的负荷强度教练能够训练力量耐力克服较大的阻力。当教练需要训练力量耐力克服较小阻力时，可以将负荷强度降低至运动员最大体重的 35%（最低不得低于 35%），以达到理想的训练效果。

②重复和组数和次数。通常情况下，当运动员在训练时已经达到了重复次数的极限时就不应再进行该项训练。科学、合理的重复次数有助于运动员的呼吸系统、供氧能力和糖酵解供能机制的发展，以提升运动员的力量耐力。

③练习的持续时间。如果采用动态练习，练习持续时间根据完成的次数和组数确定；如果采用静态练习，单个动作的持续时间一般为 10～30 秒。它取决于负荷的大小，负荷越大，持续时间越短；负荷越小，持续时间越长。

④组间间隔时间。为了积累疲劳，发展力量和耐力，恢复前应进行下一组运动，如果运动员经过几组运动已经很累了，可以适当延长组间休息时间。

（4）综合性力量训练法

综合力量训练不仅是一种常规的训练方式，其本身还具有很多训练目的。在进行综合训练法规划时通常会将两种或多种训练方法进行混合搭配。篮球运动员的综合力量训练一般会使用抗酸性肌肉增厚法，再以最大极限力量训练法进行辅助。其最终目的是使运动员的相对力量得到提升，发展肌肉力量的协调能力和持续性。

①塔式训练法。塔式训练法是进行次极限和极限肌肉收缩的方法。其训练过程是在训练时逐渐增加负重，直到最后的运动负重只能完成一次，然后再减少负重，增加重复练习次数。

②混合训练法。混合训练法是采用两种以上的力量训练方法进行训练的方法，如肌肉增厚法 3～4 组，然后快速力量法 4～8 组。

在篮球专项力量训练中，要使运动的范围和方向与技术动作的要求相一致，练习中的负荷要大于比赛的要求，使关键技术在比赛中得到充分发挥。

（二）高校篮球运动的速度素质训练

速度素质指的是篮球运动员在比赛中快速移动的能力。在篮球运动中，按照运动员的动作过程可将速度素质分为三类，依次为反应速度、动作速度以及移动速度。反应速度指的是运动员受到外部刺激或影响从而开始动作的速度；动作速度指的是运动员在比赛过程中完成技术动作的速度；移动速度指的是运动员在短时间内进行最大移动的能力。这三项能力既相辅相成又有着彼此不同的作用。反应速度是动作速度和移动速度的基础，而动作速度和移动速度则是直接作用到运动员的速度过程。

1. 篮球专项速度素质的特征

①篮球运动员在比赛中的速度表现为重复不断的快速冲刺和瞬间爆发的速度。所以，篮球运动员的运动特点为速度快、持续变速能力出众。

②篮球专项速度需要篮球运动员对负责的运动过程进行判断，并且了解所有的篮球技巧及技术动作。只有这样，篮球运动员才能够在比赛中预判对手的动作，掌握比赛的动态和节奏。

③篮球运动员在运动结构中的速度素质特点是身体重心低、运动方向不断变化，在短距离内能发挥出最大速度能力。

2. 篮球专项速度素质训练的要求

①由于篮球运动员的速度特点是动作重心低、动作速度快、大多数动作并不会进行全身的伸展，所以教练在进行训练规划时，要注重训练动作的频率。

②如何规划动作训练的顺序。在进行训练规划时，教练需要首先规划好定期的训练时间；在规划各项素质训练时，速度素质的训练应该在力量与耐力素质之前，这样能够保证运动员在较为良好的状态下完成速度训练。

③培养运动员对时间和空间特征的反应和判断能力，使运动员具有良好的反应启动速度。

3. 篮球专项速度素质训练的方法

（1）局部速度训练法

①反应启动速度训练。篮球运动员的反应表现为简单的信号反应，如持球进攻的运动员在决定杀入禁区时速度就提升到最大；简单的预测反应，如准备接传球的运动员提前预判篮球的落点和球速，从而调整自己的速度和位置；复杂的选择反应，如运动员进行防守时需要根据对手的动作进行自我调整；复杂的分化反应，该反应指的是比赛中运动员能够根据自身经验，对相应的技术动

作进行判断，从而调整自己的技术动作。所以，篮球运动员反应启动速度的训练方法主要有以下几种。

A.为了提高人体的积极感知能力，缩短反应时间的潜伏期，运动员必须熟练掌握各种特殊动作，增加运动技术动作的信息量，如良好的球感、熟练的运球技术动作等。

B.缩短各环节的反应时间，特别是关键环节。使用各项专业技术动作进行强化训练，如开始启动姿势、正确的发力姿势和提升反应速度。上述训练内容在篮球专项训练中适用于发球启动、篮板争抢后启动、防守步法、转身启动等。

②动作速度训练。

A.对关键环节的单一动作和组合动作进行强化训练，如运球时的快速变向、投篮快速出手和传球动作等。

B.增加完成动作的频率。在规定时间内完成指定动作的次数，如一分钟投篮次数、传球完成次数等。

③移动速度训练。

A.动作频率的训练方法：以动作标准为基础，对技术动作进行改善和严格要求，争取在规定时间内完成更多次动作。

B.动作幅度的训练方法：在训练时对运动员的技术动作进行改良，用来发展肌肉的伸展性、关节的柔韧性和肌肉的力量素质，进而使运动员的身体条件得到提升。

（2）综合速度训练

综合速度是指篮球比赛所需要的整体速度，包括进攻速度、防守速度、攻防转换速度、战术配合速度、各种战术意识的反应速度、运动员的技术动作速度。综合速度训练的作用如下。

①全面提高运动员个人技术水平。

②建立团队成员之间的默契。

（三）高校篮球运动的耐力素质训练

耐力素质指的是运动员在长时间的运动中对抗肌肉和神经疲劳的能力，它是篮球运动中一项非常重要的素质。运动员在训练过后会感到疲劳是一种必然的现象，如果运动员经过训练却没有疲劳感，那么说明该运动员的训练没有达到效果。运动员一旦产生疲劳，身体能力便会降低，所以疲劳对于训练而言既是必然结果，又是必然存在的障碍。

篮球运动员需要拥有非常优秀的耐力素质，用来在比赛中保持自身的竞技性和运动能力。在日常的训练之中，由肌肉引起的运动疲劳是耐力素质训练中最为主要的障碍。加强运动员的耐力素质训练能够有效地帮助运动员在比赛之中充分发挥个人技术水平。

1. 耐力素质的种类

根据身体组织的划分，耐力素质可分为心血管系统耐力和肌肉系统耐力。而心血管系统耐力又被分成有氧耐力和无氧耐力两类。

以耐力素质与篮球运动之间的关系而言，人们通常将耐力素质分为一般耐力和专项耐力。之所以采用这种分类方式，是因为这样进行分类更加适合篮球运动。

（1）培养一般耐力素质

在进行一般耐力素质训练时，教练要提高运动员的吸氧、供氧和用氧能力，使运动员能够将糖原和脂肪储存在体内，提高肌肉、关节、韧带等辅助运动器官对长期负荷的耐力。

（2）培养专项耐力素质

专项耐力是指运动员在专项比赛中或训练时间内保持高强度运动的能力。运动员的无氧耐力水平还取决于有氧代谢、能量储存以及支持器官对长期高强度工作的耐力。

2. 篮球专项耐力素质的特征

对于篮球运动员而言，耐力素质的能力具体体现在速度耐力上，耐力素质的表现形式一般为糖酵解功能形式。所以，教练在进行耐力素质训练规划时，要以训练最大乳酸耐力为主要目的，以有氧运动产生的氧化功能为辅，并能够合理地安排好两项训练内容之间的关系。有氧运动产生的氧化供能形式是进行糖酵解供能训练的基础，只有当运动员具备了相当程度的氧化供能能力时，才能够在比赛之中快速回复体力，而糖酵解功能是使运动员能够在篮球比赛中长时间保持快速运动能力的关键。

3. 篮球专项耐力素质训练的要求

①在进行训练规划时，要在备战训练的初期进行有氧耐力的加强训练，在备战训练的后期再进行无氧耐力的加强训练。在安排训练周计划时，不要过于频繁的安排长时间或者高强度的耐力训练，每周 2～3 次即可。教练在进行训练规划时，要充分考虑运动员的负荷能力、营养保障、睡眠质量以及身体恢复情况，尽量不要让疲劳影响到训练。

②在进行篮球运动员的耐力素质训练规划时，教练要先提高运动员的有氧

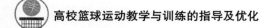

耐力水平。当运动员的耐力素质达到指定的标准后，再使用无氧耐力训练提高运动员的篮球专项耐力能力。在进行有氧耐力素质训练规划时，教练需要针对不同运动员的身体素质进行适应性规划，一旦训练方式或内容与运动员的身体素质不符合，便会产生反效果。在进行无氧耐力训练规划时，教练应该根据训练目的对不同强度的训练进行排序。

③在进行耐力素质训练规划时，教练应在训练内容中重点安排篮球专项耐力素质的训练项目。在篮球专项耐力训练中，增加运动员的运动量是排在第一位的，而后再加入负荷训练。进行训练规划时，教练要根据运动员的实际情况逐步增加训练组数和每组的练习次数，然后再增加训练强度。

4. 篮球专项耐力素质训练的方法

（1）连续负荷法

该项训练的目的是使运动员能够保持最大摄氧量，提高运动员的有氧代谢能力。在训练时需要使运动员的心率维持在 150 次 /min 左右，通常采用的训练方法是匀速跑、变速跑和障碍跑。例如，在训练中安排运动员进行快攻、防守、"8"字跑、28 米转身跑、连续打板训练等。

（2）间歇负荷法

该项训练是有氧训练和无氧训练的组合训练，要将运动员的心率上限控制在 28 次 /10 s。间歇时间要使运动员的心率恢复到 18 次 /10 s 左右的水平。训练方法通常为重复进行 400 米跑、100 米快速跑、100 米放松跑。

（四）高校篮球运动的敏捷素质训练

敏捷素质指的是在训练或比赛中出现各种情况时，运动员能够准确、快速、协调地完成技术动作的能力。它是一种复合型素质，是身体能力、技术动作和各项运动素质在运动中的综合呈现。在篮球运动中，篮球运动员的视野能力决定着其是否具备快速、准确、协调地完成动作的能力。运动员敏捷素质的本质是视觉动态能力和大脑皮层神经活动变化的过程。通过以上的过程，运动员才能够进行准确的动作和应对突发情况。敏捷素质能够帮助运动员掌握比赛的进程和复杂的技战术，还能够帮助运动员提高临场反应能力。总之，敏捷素质是篮球运动员的关键素质能力。

1. 灵敏素质的种类

（1）一般敏捷素质

一般敏捷素质是由力量、反应、速度、协调性等素质结合而成的。对运动员全面运动素质进行提升才能够有效地提高敏捷素质。

（2）特殊敏感素质

对篮球运动员敏捷素质的培养需要先发展其视觉动态能力和其他运动素质，这其中便包括运动员的视觉反应能力、技术动作掌握能力、身体平衡能力以及运动时的节奏感。在进行训练规划时，教练需要在其他专业素质和技术训练相结合的前提下，对运动员的反应速度、视觉动态、神经系统快速集中和分散的能力进行训练，进而提升运动员的大脑皮层神经过程转化能力。

2. 篮球专项敏捷素质的特征

（1）反应迅速

篮球运动员的敏捷素质能力可以反映出运动员的自身运动能力和对身边环境的感知能力。这就需要运动员拥有较为开阔视野和快速反应能力。

（2）篮球运动中的灵活性

篮球运动中的灵活性需要运动员对自身身体的协调能力和快速调整能力有充分的认识。灵活性能够使运动员在不降低速度的情况下精准地完成技术动作。这就要求运动员要通过不断地控制身体的平衡和各种姿势来完成技术动作。

3. 篮球专项敏捷素质训练的要求

篮球运动员的敏捷素质训练应全面提高运动员与敏捷素质相关的各种能力，如反应速度、柔韧性和爆发力等。通过敏捷素质的训练来提高运动员的肌肉弹性和关节韧带的伸展性，使篮球运动员的身体素质和动作能力的发展均衡。

①为了提高练习效果，应将练习安排在运动员每节课最有活力的阶段，避免身体疲劳和大脑不兴奋状态。

②篮球运动员应特别注意特殊敏感素质的培养。教练应鼓励他们参加各种形式的比赛，了解篮球技战术的时空特征，以适应复杂条件下的环境。

4. 篮球专项灵敏身体素质训练的方法

①动作分解。在训练时，教练可以将各项基本技术动作和战术进行分解再结合。这样的训练方式能够有效地提升运动员的感知能力。

②在训练时，教练需要重点训练一些篮球专项动作。该项训练能够提升运动员的动作平衡感和动作协调性。例如，持球动作、防守动作、交叉步、横向滑步、变向移动等。

③在训练时，教练需要注意对运动员的身体素质进行全面训练，特别是与敏捷素质相关的运动素质。例如，接球后的移动速度训练、上肢与下肢之间的协调训练等。

（五）高校篮球运动的弹跳素质训练

弹跳素质是一项综合素质。在进行训练规划时，教练需要掌握好力量、速度、协调性等重要因素，还要将常规训练与技术训练相互结合，在提升上肢最大力量的基础上，提升上肢的爆发力和快速力量。篮球运动员在进行跳跃时不仅需要掌握好起跳的时机，还要保证起跳的速度和跳起后的高度，以便能在各种情况下完成投篮、上篮、扣篮、抢篮板等技术动作，并且要能保证在落地时可以进行快速的攻防转换。

1. 弹跳素质的种类

（1）一般弹跳质量

对弹跳质量产生影响的因素是运动员的力量、速度以及身体的协调性。在训练中人们应该注意对运动员膝关节的伸肌进行专项训练。在对力量进行训练时可以使用大负荷、少次数的方式，使得肌肉的运动速度加快，增加肌肉能力，进而增加大腿后肌群的力量和伸展能力。

（2）特殊跳跃品质

特殊跳跃品质主要是指弹跳距离素质。弹跳距离素质是篮球运动员控制距离的素质。它是运动员控制比赛、提高运动技术、增强战术配合的基础。所以，弹跳距离素质在篮球专项运动训练之中是非常重要的。在进行训练规划时，要对运动员的综合素质进行训练，从而提高运动员的起跳能力。在日常的弹跳训练中要模拟比赛环境，使运动员能够适应各种起跳环境，以便其在比赛之中能够发挥出最佳跳跃效果。

2. 篮球专项弹跳素质的特征

篮球运动员的弹跳在比赛中是具有多维的不确定性的。运动员在起跳时，既具备突然的爆发性，还具有运动方向的不确定性。运动员可能向前跳跃，也可能后仰跳跃，还可能向侧方进行跳跃，这要根据比赛中的实际情况和战术需求来进行动作。

篮球运动员的弹跳还具备快速连续性。运动员在比赛之中争抢篮板或球权时，需要不断进行跳跃争取控球的空间，通常会进行快速连续性的起跳来保证自己能够控制篮球。篮球运动员的弹速直接影响到抢篮板和封盖等技术动作。

3. 篮球专项弹跳素质训练的要求

在进行篮球运动员的弹跳训练规划时，应该采用单组少次等训练方式。为了提升篮球运动员在起跳时能够释放出的最大能量，教练在训练安排时应该保证每组之间有科学合理的间隔时间。在对篮球运动员的弹跳素质进行训练规划时，教练应该注意遵守提升小肌群、发展肌肉的伸展性和弹性、增加肌肉的协调性和发力顺序的原则。

4. 篮球专项弹跳素质训练的方法

（1）改善踝关节弹簧速度训练

该项训练的目的在于对踝关节进行改善，让踝关节在落地缓冲后能够在极短的时间内爆发出最大力量。因此，该训练方式以磷酸肌酸（ATP-CP）供能系统为基础。在训练的具体方法上，通常会采用双足跳、两脚交换跳等方法，要注意的是，在训练时要采用高强度、多组数的训练方法。

（2）加强大腿和腹背部肌肉的爆发力训练

在进行篮球专项弹跳的训练时，教练需要以技术动作的组成结构为基础，对运动员腿部和腰腹部位的肌肉爆发力进行提升训练，使力量的大小和方向迅速由水平位移速度转化为向上加速度，使力点穿过物体的重心。

（六）高校篮球运动的柔韧素质训练

柔韧素质指的是运动员每个关节的活动幅度和肌肉以及韧带的拉伸能力。人体关节部位的活动幅度受到关节结构的约束，但是肌肉和韧带能够对关节的活动幅度产生影响。

篮球运动是一项综合性的运动，它要求运动员在做技术动作时身体还要有一定幅度的伸展，但又能在短时间内进行收缩。篮球运动员的动作不仅要具有力量，还需要良好的协调性。所以，在进行训练规划时，要着重改善运动员的关节和韧带，尤其是腰部、腹部、肩部以及踝关节韧带等。

1. 柔韧素质的种类

柔韧素质通常分为一般柔韧性和特殊柔韧性。

①一般柔韧性指的是运动员在做每一个动作、技术、战术训练时需要具备的柔韧性。它涵盖的范围非常广，所有关节的活动，以及肌肉和韧带都在其范围内。

②特殊柔韧性是指每个特殊项目所要求的柔韧性。特殊柔韧性是掌握和改进特殊技术动作的必备素质。

2. 篮球专项柔韧素质的特征

篮球运动便对篮球运动员的柔韧性提出了一定的要求，尤其是对手指、脚踝、腰部、腹部、肩部、手腕的柔韧性有一定要求。虽然篮球运动员普遍较为高大、雄壮。但是其柔韧性的解剖学特性与常人无异，它主要受到肌肉对抗阻力时维持姿势的肌肉紧张、牵引性条件反射而引起肌肉收缩的限制，以及神经过程的兴奋与抑制的协调性对肌肉的收缩和舒张（紧张与放松的快速转换）所产生的影响。所以，对篮球运动员柔韧性产生影响的主要因素有肌肉、肌腱、韧带以及关节囊的弹性。篮球运动员的柔韧性通常会比其他项目运动员稍差，特别是身材高大、肌肉发达的运动员如果忽视了柔韧性的训练则会更差。

3. 篮球专项柔韧素质训练的要求

对于篮球运动员的柔韧性应该在运动的早期便开始进行专项训练。篮球这项运动对于运动员的柔韧性和协调性的要求较高，大多篮球运动员到了一定年龄后身材较为高大，肌肉比较发达，这时再进行柔韧性的训练已经很难取得最佳效果。所以，对于篮球运动员的柔韧性训练应该放在运动员的儿童时期，对运动员的关节柔韧性、肌肉和韧带的柔韧性、肌肉的伸展性进行训练。

对运动员的柔韧性训练是一项长期的工程，这也导致许多运动员在一段时间之后便会忽视柔韧性的重要性。在进行柔韧性训练时，对肌肉和韧带的牵引会造成疼痛感，这也意味着运动员在训练时需要更大的毅力。运动员的柔韧性会受力量、耐力和身体发育的因素影响，运动员的年龄越大意味着其柔韧性越差。所以，对篮球运动员的柔韧性训练是一项持之以恒的工作。

4. 篮球专项柔韧素质训练的方法

篮球运动员进行柔韧性训练的目的是发展自身肌肉的伸展性和弹性，进而提升在做技术动作时的伸展度和柔韧性，最终达到减少伤病的效果。一般经常使用的训练方法有被动训练法、主动训练法和混合训练法。

（1）被动训练法

被动运动法是利用身体的重力、辅助设备以及他人协助，拉长身体肌肉韧带的方法。

①各种负重和非负重悬吊练习。训练方式有：以自身的体重作为负荷，进行单杠、双杠、肋骨对肩关节的悬吊练习；使用器械重力进行悬吊，将重物放在膝关节下方直角压腿，使大腿背群肌肉被动拉长；进行轻负荷举重，当重心降低时，能够有效拉长脊髓后群肌肉。

②经由他人的协助保持某种姿势。例如，运动员在地面平躺，将双腿放在协助者的肩上，用手臂或肩膀进行向前和向下的推动动作，并进行直角压腿。

（2）主动训练法

主动训练法是通过一系列的动作使人体肌肉能够快速收缩，从而获得惯性的方法。该惯性能够拉动肌肉松弛的部分。

（3）混合训练法

混合训练法就是将被动训练法与主动训练法进行有机结合的方法。

（七）高校篮球运动员的心理训练

心理训练是指有意识、有目的地对运动员的心理过程和个体心理特征施加影响的过程。其目的是使运动员的心理在运动训练和比赛中产生最适宜的变化，具有自我调节和自我控制的能力。

篮球心理训练是为适应现代篮球比赛的需要而发展起来的。任何竞技运动都与竞争有着密不可分的关系。现代篮球运动最大的特点就是对抗越来越激烈。在双方体能、技战术水平相当的情况下，胜负往往取决于心理素质。因此，充分认识到心理训练在篮球比赛中的作用，并在实践过程中给予足够的重视，对我国篮球运动的发展具有重要意义。

1.篮球运动员比赛时的一般心理状态

篮球赛场的形式变化往往是十分快的，这就使得运动员的心理状态会随着比赛的走势变化而产生变化。对于职业篮球运动员而言，科学合理的训练是取得比赛胜利的基础，而自身所具备的心理状态是运动员能否发挥出正常水平的关键。

（1）赛前的几种心理状态

①当得知对手的实力较弱时，一些运动员会容易产生轻敌的情绪。当该运动员所在的队伍在比赛中处于较大领先时，运动员可能会出现防守不积极、注意力不集中、处理球过于随意等现象。但是，一旦对手将比分追近甚至反超时，该运动员及其所在队伍便会容易出现急躁的情绪，在防守时容易犯规、进攻时不按照既定战术执行、技术动作完成度不高等现象。

②当得知对手的实力比自己强时，运动员会产生两种心理状态。一是敢打敢拼，能够发挥出自身的优势，在比赛中坚韧拼搏，能够在比赛中磨炼出更高的水平；二是自暴自弃，未战先言败，对自身的实力没有信心，也不信任团队的整体力量，在比赛中始终处于士气低落状态，无法发挥出应有的实力，也无法在比赛中得到进步。

（2）现场比赛中常见的几种心理现象

①分数领先时的常见心理状态。

A.全队充满信心，士气高昂，技战术发挥正常，得心应手，比分不断扩大。

B.运动员防守不积极，进攻时随意控球，使比赛陷入不利局面。

C.盲目自信，急切想扩大战果，导致情绪急躁。当攻防暂时失利时，他们往往急躁不安，急于进攻求成，在防守中容易犯规。

②分数落后时的常见心理状态。

A. 全队思想统一，攻防积极，顽强应对挑战，奋战到底，变被动为主动。

B. 缺乏主动性和积极性。

C. 由于各队员在比赛中不协调和不积极，导致各队员在比赛中如同梦游。

D. 随着比赛形势和比分的起伏，运动员们的情绪和心理承受力都失去了控制，导致个体或整体处于被动状态。

（3）运动员在比赛中的几种特殊心理状态

①有些运动员在比赛开始阶段，由于技术水平的不同，往往会有不同的心理状态。如果他们打得好，他们就会有信心，否则他们就会缺乏信心，甚至永远无法恢复。

②主力后备队员往往在形势变化时有强烈的打球欲望，如果其表现不利于球队的胜利，可能会导致其产生各种心理障碍。一旦登上赛场，他们有时会因为过于自信而变得异常主动，但有时他们会发挥出色，摆正自己的位置。

③由于缺乏实战训练，一些年轻队员普遍紧张、胆小，一旦上场，往往无所适从。不过，也有一些年轻运动员性格开朗、渴望尝试，敢于在赛场上展示自己，敢于与强手竞争，教练在使用时应区别对待。

2. 篮球运动员比赛时的心理训练

运动员在实际的赛场上，会因为分数对比、裁判尺度、观众和媒体等因素的刺激而在比赛过程中出现心理状态的起伏。所以，教练在日常和比赛中应重视对运动员心理状态的训练。一般情况下，教练要帮助运动员建立起正确的竞技思想，培养其调整自我状态的能力以及良好的心理状态。让运动员能在良好的心理状态下发挥出应有的水平，去争取比赛的胜利。

（1）赛前心理训练

①赛前心理状态。

通常，如果运动员已经在心理、体力、技术以及战术方面都有了充分的准备，对于对手的实力也有所了解，那么运动员的体力与技战术便不会出现太大的起伏。这时，会对运动员产生影响的便是心理状态，有可能他们会因为对比赛重要性的认识程度、对胜负的渴望程度而发生心理状态的变化。具体有以下几种类型。

A. 最佳状态。这是赛前理想的心理状态。在比赛中的主要表现：渴望尝试、士气高昂、注意力集中和适度兴奋。这种状态的基本反映：对自己的实力有清醒的认识，有战斗和胜利的野心，有适当的兴奋程度，有高度的抗干扰能力，有自己控制动作、思维、情绪和整个动作的能力。

B. 赛前焦虑。赛前焦虑的症状包括烦躁不安、焦虑、失眠、患得患失等。

②赛前心理准备。

A. 帮助运动员建立起正确的竞技心理导向。如果将运动员的比赛心理导向运动员能够控制的事物（如投篮命中率等）而非比赛的胜负，那么运动员就非常容易打出高水平的比赛，进而取得比赛的胜利。人们应该注意：内因是决定自我的主要因素。比赛过程中的分数对比、裁判、观众、对手等外部因素是能够对内因产生影响进而发挥作用的。

B. 教练员应制订周密的比赛计划，并在比赛中设想一些可能的情况和对策。

③赛前心理训练的内容和方法。

进行赛前心理训练的目的是使运动员做好比赛的心理准备，克服心理上对于比赛的恐惧或排斥，保持比赛中的自我调节能力，为运动员能够在比赛中保持良好的心理状态做好基础建设。

赛前心理训练是一种特殊训练，其本身是有着较为明显的情景性和针对性的。它的基础是常规的心理训练，进而引申到比赛情景，然后再针对每个运动员不同的心理状态进行有针对性、有目的性的心理训练。

（2）比赛心理状态与心理战术

①比赛中的心理状态。篮球比赛不仅要比拼智力、战略、体力、技战术，还要进行心理竞争。比赛不同于训练，它除了需要承受较强的生理负荷外，还需要承受更大的心理负荷。一般来说，比赛中有二种心理状态，即理想和恐惧。

A. 比赛中理想的心理状态。它是运动员心理机制的重要组成部分和协调的最佳竞技状态。这种状态体现在：一是充分发挥身体能力，运用自如，省力而不紧张；二是专心专注于比赛；三是身心协调，动作娴熟；四是觉得竞争是一种责任和义务，同时也是展示自己的机会；五是团队成员之间彼此充分信任，团队感就是在这种状态下最好的表现。

B. 比赛中恐惧的心理状态。有些运动员在比赛中常常会对当场的对手产生强烈的恐惧。他们害怕在比赛中与对手战斗。他们中的一些人害怕客观环境和比赛的结果。这种状态出现的原因与过度紧张的原因相同。这种心理状态往往受运动员个性、神经类型和训练水平的影响。

②比赛中的心理战术。心理战术是指根据比赛中的实际情况，给对手施加心理影响的策略。它的目的是使我方在比赛中能够得到主动权和场上优势，使我方取得比赛的胜利。常见的心理策略如下。

A. 知己知彼，避强者攻弱者。

B. 突然袭击。

C. 先发制人和战略性藐视敌人。

（3）赛后心理训练

当比赛结束之后，对于运动员而言不仅是身体的疲惫，还有心理的疲劳。所以，教练此时就需要注意调节运动员的赛后心理状态。赛后心理训练的效果会对之后的比赛成绩产生直接影响，而且还关系到运动员和整体队伍的心理状态和发展。教练应该对运动员的赛后心理状态有清晰认知，运动员在比赛结束之后还没有从赛场的心理状态中走出来，但是这种心理状态不容易表现出来，教练在此时应及时帮助运动员调整心理状态。

总之，随着现代篮球比赛的日益激烈，决定胜负的因素交织在一起，运动员的心理也在发生变化。因此，在综合训练中重视心理训练就显得尤为重要，它不仅影响比赛成绩，而且反映了运动员的训练水平和教练的智慧。

第二节　高校篮球运动训练的原则和方法

一、高校篮球运动训练的原则

（一）自觉性和积极性原则

自觉性和积极性原则指的是在教学过程中教师运用各种教学方法使学生积极参与篮球教学，从而在教学的过程中将学生的主动性和创造性充分发挥出来的原则。所以，教师在进行篮球教学时需要注意以下几点。

①不能忽视对学生的思想教育，要使学生在教学过程中建立合理的学习目标、端正自身的学习态度、强化学生的精神属性、培养学生的团队精神。

②教师在教学过程中需要明确教学任务和实际情况，严格把控整体教学过程，帮助学生学习和运用技战术。

（二）直观性原则

直观性原则指的是教师在教学时要凭借学生已经具备的知识，对学生进行适应性的教学，从而增加学生的感性认识，最终使学生能够快速地掌握所学的知识和技巧。

直观性原则对于篮球教学而言有着非常重要的意义。篮球的教学过程实际上是帮助学生理解篮球相关知识和促使学生掌握篮球技术动作的过程。在教学过程中，教师可以通过直观的教学方式，如图片讲解、视频分析、电影赏析、幻灯片展示等，来帮助学生建立正确的动作印象。

（三）负荷与训练恢复相统一原则

运动员在进行篮球训练时，不可避免地会因为运动负荷而产生疲劳感，使得机体的功能进入短暂的低水平阶段。这时，教师可以通过为运动员补充物质能量和恢复训练来促使运动员的机体进行快速恢复。而训练恢复原则说明了，运动员在训练的过程中同样要重视恢复训练，良好的恢复训练也是提高运动员技术水平和身体能力的关键。

教练在进行篮球技战术训练规划时，通常会使用"高强度素质训练与简单的技术训练交替训练法"还会采用"对不同身体部位进行同一种素质训练法"或"几种素质训练交替训练法"等一系列的混合训练方式来达到"训练恢复"的目的。尤其是在运动员进行高负荷训练后，更应该使运动员得到良好的恢复。

（四）区别对待原则

区别对待原则是教师在进行训练规划时需要注意的重要原则之一。区别对待原则要求教练要对运动员的年龄、性别、身体素质、基础水平、心理状态以及篮球知识等项目有充分的了解，再针对不同运动员的差异进行科学合理的训练安排。

教练在安排运动员训练之前应该清楚地了解每个运动员之间的差异。每个运动员都是独立的个体，每个人的身体条件和学习能力都会有所差异。例如，有些运动员学习篮球知识时会很快，但是不善于学习技术动作；有些运动员在训练初期进步飞快，但碰到瓶颈就会难以突破；有些运动员身体素质极好，能够快速适应各项训练。而随着训练的进行，运动员也会呈现出不同的训练效果，如有些运动员擅长投篮，但却在防守训练中不尽人意；有些运动员初期训练效果不好，但到了一定阶段，他们的技战术水平会飞速增长。因此，在篮球技战术训练中，教练应根据运动员的个性特点合理安排训练，注意不同运动员的不同因素。

（五）系统性原则

篮球技战术训练的系统性原则要求在从训练开始到训练结束的整个过程中，篮球运动员要按照身体发展的内在规律进行训练，并在此基础上进行完整、系统的篮球技战术训练。

在篮球技战术训练中，系统性原则要求教练将篮球训练的整体都进行系统规划，也就是说，教练需要在进行训练规划时，对训练的内容、方式、时间、负荷等各项训练都进行系统的规划。

（六）周期性原则

篮球技战术训练一般以年度训练作为划分周期的基础，通常会分为三个训练周期，每个训练周期又以周为小型训练周期。

以年度为大周期来看，篮球技战术整体训练是不间断循环进行的。在训练过程中，篮球运动员的技战术水平会逐步得到提升。

需要注意的是，篮球周期性训练应与连续性训练相互结合。只有坚持进行常年系统的、连续的周期性训练，才能有效提升篮球运动员的技战术水平。

（七）全面性原则

全面性原则指的是在进行篮球训练规划时，教师需要以篮球运动员发展的专项技能为基础，对运动员的各方面素质训练进行全面性的规划，使运动员能够凭借过硬的身体素质去提升自身的篮球水平。篮球训练的全面性原则主要体现在以下几方面。

①只有对运动员的身体素质进行全面提升，发展其身体机能，才能为获得高水平篮球专项技战术打下基础。

②生物学研究表明，人体内的器官与系统是一个整体。当运动员在训练时，各个身体素质也是相互影响的。全面提高运动员的身体素质能够帮助运动员更快地掌握技战术，有利于形成篮球运动所需要的身体能力。

（八）负荷控制原则

篮球技战术训练负荷应该根据运动员的实际情况进行具体的确定，有计划地提高运动员的负荷强度。

要想提升运动员的篮球技战术水平，就必须要在训练中反复练习基本项目，提高基本素质，在反复的练习中再逐步提高负荷强度，提高训练的要求，提高运动员的最大负荷极限。因为只有当不断地提高负荷强度，运动员才能够进行自我进步和突破，才能将运动员的潜力彻底转换为实力。

二、高校篮球运动训练的方法

（一）循环训练法

循环训练法指的是在对运动员进行训练时，教师可以以训练项目为基础，在训练内容中加入一定数量站点的训练方法。在运动员训练的过程中，要求运动员按照既定的顺序练习站点，并要求运动员进行循环练习。

①循环训练法能够帮助运动员强化肌肉力量，提升呼吸系统能力，提高身体素质；

②循环训练法能够有效减少运动员的疲劳感，使局部肌肉得到放松，增加运动员训练的积极性；

③循环训练法能够根据运动员的自身特点进行负荷管理训练，进而减少肌肉过度紧张的现象。

（二）重复训练法

重复训练法指的是在规定的条件下，不对运动员的运动结构和训练总量进行调整，使运动员反复进行某一相同负荷和相同间歇时间的相同动作，从而使运动员能够更快掌握技术动作。在实际的训练中，重复训练法通常是不断重复同一个动作或重复同一组动作进行训练。运动员通过在训练中不断地重复一项或一组动作来对该动作产生运动条件反射。根据不同的分类标准，重复训练法可分为以下两类。

①根据训练时间的长短，重复训练法可分为短时间（30 s 以下）重复训练法（主要应用在对各种基本功、高难度技术的组合练习、速度和力量素质提升的训练），中时间（0.5 ～ 2 min）重复训练法（主要用于整套技术练习）和长时间（2 ～ 5 min）重复训练法。

②根据间歇时间间隔，重复训练法可分为连续重复训练法和间歇训练法。不同的重复次数对身体的影响会有所差异，但是都能够达到快速熟悉技术动作的目的。

（三）比赛训练法

比赛训练法指的是通过竞技比赛，以取胜为目的进行最大强度训练的方法。它包括了教学比赛、观察比赛、适应性比赛、训练比赛等。比赛训练法主要在以下两个方面对篮球技战术训练产生影响。

①比赛训练法能够有效地提升运动员的篮球技战术水平、身体素质以及心理状态。

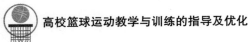

②比赛训练法能够激发运动员对于篮球比赛的激情和对训练重要性的认识。比赛训练法能够使运动员在训练中激发斗志和竞技精神，使他们能够拥有良好而积极的正面心态，为正式比赛打下基础。

（四）间歇训练法

间歇训练法指的是运动员在进行重复训练时要严格按照间隔时间进行休息。每项训练的间歇时间会有所差异，这主要取决于运动员的身体素质、训练目的、训练内容、训练方式与训练强度。间歇训练法的五个基本要素是每次的运动量、训练项目的负荷强度、运动组数、间歇时间与休息方式。

在实际的篮球训练中，教练可以以负荷强度为基础，在运动员每次运动之前适当增加负荷强度、增加练习次数并且调整间歇时间。如果训练的负荷强度与运动员所能承受的负荷强度相同，那么训练就会达到最佳效果，如果负荷强度过大或过小，那么训练效果就不会取得良好的效果。需要强调的是，想要保证训练效果，就需要让运动员在其身体没有完全恢复的情况下进行下一组的训练。

（五）心理训练法

心理训练法指的是教练采用心理学的方法对运动员的心理素质以及心理状态进行调整，最终使运动员的比赛成绩有所提升的方法。心理训练法的主要方式有想象、表象、引导、放松、语言暗示以及心理反馈等。

心理训练法与传统的身体素质训练法、篮球技战术训练法以及道德品质训练法相互融合成了完整的篮球技战术训练体系。

（六）综合训练法

综合训练法是指把重复训练法、循环训练法、心理训练法等各种训练法进行有机结合的一种综合性训练方法。在实际的篮球技战术训练中，教练普遍会将各种训练法进行结合，所以综合训练法在实际训练中非常常见。

综合训练法能够在训练中灵活地调节运动员的负荷训练和休息时间，使训练效果能够最大程度地发挥出来，让运动员能够通过训练使身体素质和篮球水平得到提升。

第三节　高校篮球运动技术的教学研究

篮球运动本身在不断的发展和进步，这也使得篮球技术也在不断更新。近些年来，高校篮球教学在不断的改革和完善中使其自身的教学和训练越发专业。但是篮球运动是在不断变化的，高校篮球教学不能停步不前，要主动去适应篮球运动的发展。此外，篮球运动是一项团体运动，非常有利于培养人与人之间的和谐关系和学生的团队意识。因此，篮球运动在提高学生的综合素质方面也有着非常重要的作用。

一、高校篮球技术教学与训练中的问题

（一）篮球教学中的误区

1. 篮球运动技能教学和技术教学混淆

虽然篮球运动技能与篮球技术是相互影响、无法单独存在的。但是篮球教师应该清晰地认识到篮球运动技能属于方法论的范围，它是客观存在的，并不受到人的意志所影响。但是篮球技术是一种个人技能，它具有鲜明的个人特征。在实际的篮球教学和训练之中，教师应该对两者的关系有一个清晰的认知。教师在实际教学和训练时，要结合课程标准中的学习目标和任务，让学生可以快速掌握篮球的知识和技能。

2. 学生和运动员的身份混同

普通高校教师要清楚认识到普通高校的学生仅仅是普通人，而非运动员。他们并不是篮球专项的学生，与运动员在篮球知识、技能、技术以及身体素质上有着明显的差距。篮球教学是为了让学生能够体验到篮球运动的乐趣、加强学生的身体素质、帮助学生掌握基本的篮球技术以及让学生学会篮球技能的练习方法，而不是要将学生培养成专业的篮球运动员。只有当学生掌握了练习方法，才能够进行自主练习，单靠短时间的篮球教学是不可能使学生的篮球水平大幅度提升的。培养学生的篮球兴趣，使学生学会篮球技能的练习方法，帮助学生掌握篮球技能，同时加强学生的身体素质，这些才是普通高校篮球教学的最终目的。同样，在评价体系中，普通学生和运动员能力差距较大，不能相提并论，针对普通学生的评价应该采用多元化、过程化的评价考核方式，而不能简单地进行达标测验。

3. 篮球教学和篮球训练混淆

有很多的高校教师将篮球教学课程当作了篮球训练，经常会因为普通学生无法达到自己的要求而产生沮丧的情绪。这里应注意的是，篮球教学与篮球训练是不同的，这两者在时间、强度与参与人数上都存在着明显的差异。一节体育课的时间通常为 45 min，而一堂专业的篮球训练课的时间最低不会低于两个小时。在专业的篮球训练课程中，运动员可以有足够的时间进行技术动作打磨和反复训练，这一点在普通高校的体育课中是无法实现的。但是高校教师可以借鉴训练课中的一些训练方法和训练内容，将这些训练项目的难度和要求降低，然后运用到体育课堂的篮球教学之中。因此，高校教师只有正确认识篮球教学和篮球训练，才能结合学生实际制定教学目标，才能在教学中保持良好的心态。

（二）学生对于篮球的基础动作认识不够

篮球运动的基础动作是在篮球训练和比赛中经常要用到的技术动作，它也是篮球运动中最基本的技术动作。篮球的基础动作对人的身体素质有一定的要求，需要经过训练才能够熟练地掌握，而基础动作是否扎实、动作是否规范则会影响到篮球运动的训练和比赛。篮球运动的基础动作也是运动员学习高难度、复杂的技术动作的基础，只有将篮球的基础动作正确、熟练地掌握才能够进行下一步的学习。因此，篮球运动员在学习篮球基础动作时一定不可疏忽，要正确、反复地进行基础动作的练习才能够打下良好的篮球基础。

（三）学生不注重组合动作的训练

组合动作训练在篮球训练中十分重要，它是每个学生都应该重视的训练项目。篮球技术教学是一个由简单到复杂的教学过程，有许多学生认为刚开始学习的动作过于简单，从而忽视了这些基础动作。许多教师也认为学生能够迅速地掌握这些简单的动作，没有向学生提出相关的要求。但是这种对于基础动作的忽视会对后续篮球教学产生不良的影响。篮球运动中的许多技术动作都是基础动作组合而成的，一旦没有彻底地掌握好基础动作便会出现无法完成组合动作的情况。

（四）实践教学与理论教学不够均衡

对于不同专业和不同身体素质的学生要有不同的教学目标和教学方式。对于体育专业的学生而言，他们已经对篮球运动相当熟悉，也掌握了相关的篮球知识，所以对于他们，教学的重点应该放在技战术的提高和夯实基础上，这就需要长时间的教学和训练；而对于其他专业学生，教师应该首先培养其学习篮球的兴趣，同时对其身体素质进行锻炼，然后再教授一些篮球基础。但是，现在有很多高校的教师采取的是统一教学，并没有针对不同学生使用不同的教学方式。有些教师还会对非篮球专业的学生进行篮球战术的讲解，这使得学生根本无法理解教师的教学内容，从而失去了对篮球的学习兴趣。

（五）教师队伍整体素质不强

目前普通高校的教师队伍中，拥有专业素质的教师太少，这就导致了篮球教学的效果平平。教师对于篮球运动的理解不高，进而在进行篮球教学时无法运用正确的教学方式。例如，教师对于篮球运动的攻防策略理解较为浅薄，无法找到正确的投篮时机，这就导致其在教学过程中不能教授学生投篮时机的把握技巧，所以使得学生的投篮命中率普遍偏低。而在经比赛之后，教师和学生也无法从比赛中得到应有的经验，最终导致学生对篮球比赛攻防规律的认识还很片面。

二、高校篮球技术教学与训练的对策研究

高校的篮球技术教学中还存在着很多的问题，这些问题都是制约高校篮球技术教学发展的重要因素，也导致我国的高校篮球水平很难得到大幅度的提升。高校开展篮球技术教学与训练的目的不仅是为了提高学生的篮球水平，也是为了能够提高学生在运动方面的综合素质。而想要有效地改善当前高校篮球技术教育的现状，使学生的篮球水平得到明显的提升，就需要教师不断地去解决当下高校篮球技术教学中存在的问题。

（一）加强学生对于篮球教学的认识

在高校篮球技术的教学过程中，教师要帮助学生对篮球技术进行全面的认识和理解，要让学生认识到规范的篮球技术动作的重要性，让学生开始重视篮球技术动作中的基础动作，使学生可以投入基础动作的训练之中。此外，在实际的教学之中，教师要时刻对学生的篮球技术动作进行纠正，保证学生能够掌握规范的篮球技术动作，只有这样才能够保证下一阶段的教学和训练具备应有的效果，才能保证学生在比赛中取得良好的成绩。

（二）加强学生对于组合动作的训练

学生想要在比赛中打出好的表现、取得良好的成绩，仅仅依靠基础动作是远远不够的，这就需要学生要掌握复杂的组合动作。组合动作是能够体现学生篮球水平的关键，教师在组合动作训练的过程中，要对学生的动作进行规范化

的纠正，并从每个动作的细微之处改善学生的动作习惯。此外，教师在组合动作训练中要特别注意这些组合动作的实际效果，确保这些动作能在比赛过程中产生良好的效果。学生要努力训练这些组合动作，熟练掌握这些动作，以便在训练中发现更多新的内容，提高组合动作的质量。

（三）提高教师对于篮球教学的理解，增强理论知识的教学

教师在篮球教学过程中的主导作用非常重要，教师所具备的专业能力会对教学质量产生很大的影响。如果教师的专业能力不够，那么学生在教学过程中所能提升的篮球水平便会受到限制。在实际教学的过程中，教师需要重视对于学生理论知识的传授。另外，教师也要时刻强化自身的理论知识，使自己对篮球教学的相关规律有更深入的了解。在日常的教学训练中，理论知识的教学可以有效地提高学生的篮球意识，从而提高学生在训练时的积极性和比赛中的应变能力。

（四）重视实践与理论的融合

理论是开展实践活动的重要基础。只有具备了丰富的理论知识，教师才能够顺利地进行一系列的教学实践活动。理论和实践之间的关系是相互依存、相互影响的。在实际的教学过程中，只有将理论与实践有效结合才能使教学产生最佳效果。教师在进行理论知识与实践课程的规划时，要注意平均分配原则，以达到让两者能够相互融合、相互作用的目的。此外，在实际的教学和训练的过程中，教师可以对学生的理论知识进行有针对性的拓展，以提高学生对于篮球知识的理解。

第四节　高校篮球运动战术的教学研究

当代大学生在篮球战术素养方面有了明显的提高，最明显的是他们的运动能力普遍较好，并且他们对于一些篮球战术的配合也有自己的理解。同时，他们也对篮球裁判的判罚尺度也有相当程度的认识。但是，他们对于战术层面的了解还存在着明显的不足，例如，有学生都不知道如何跑位、站位和传球等。此外，许多学生在训练和比赛中的配合度明显不够，很容易陷入单打的困境。这些战术的匮乏严重限制了学生篮球水平。所以，在篮球教学中，教师既要给予及时、正确的战术指导，同时也要及时对学生进行课外辅导。

一、高校篮球战术教学与训练中的问题

（一）教学脱离了学生的实际

在多年的教学和观摩教学中，人们发现部分教师也许是毕业于体育院校或者本身是运动员出身的缘故，他们在进行教学时，常常自觉或不自觉地把体育院校课堂上的教学步骤、组织方法、练习手段应用到非体育院校的课堂教学中。但是他们忽略了体育院校的学生和普通高校的学生在身体素质、运动技能、战术意识、篮球知识修养等方面都有着很大的差距。用体育专业院校课堂上的教学方法对普通高校的学生进行教学，其教学效果和教学质量是可想而知的。

（二）教学目标模糊，战术教学内容繁杂

在实际的教学过程中，教师需要根据教学目标选择教学内容。篮球战术教学的目标是让学生全面、系统地学习和掌握篮球战术理论与方法。使学生具备在学校体育课中组织篮球练习和课余训练的能力。而部分教师在教学时没有明确区分体育专业学生与非体育专业学生，教学目标模糊，从而使对非体育专业学生的教学过于繁杂。

（三）教学内容教材化，缺乏自主性

在实际的课堂教学中，课堂教学的内容应该根据教材来确定，但并不意味着教材中的教学内容、步骤和方法必须直接应用于课堂，尤其是在篮球战术课堂教学中。因此，在非篮球专业篮球战术教学中，更应该建立的篮球战术理念：如何通过有效的方式将篮球投入篮筐之中，或如何最大限度地降低对手的命中率。而不是一味地把课本上的复杂的战术知识和多变的战术变化强加于学生。

（四）教学方法单一陈旧，缺乏新意

人们在一些战术教学的观摩课或私下旁观课中发现，大部分教师在战术教学中只采用简单的示范讲解，由于战术内容的丰富性和战术演变的多样性，使学生很难及时地理解和掌握，有时因为行动顺序、移动路线或配合路线稍微发生变化，学生就会手忙脚乱。因此，在让学生建立战术概念、掌握战术方法的教学中，教师必须认真研究教材、钻研教法，如果仅用常规的组织教法是很难获得好的教学效果的。一些教师在课堂练习的内容和形式上不加选择，一般是教什么战术内容就完完整整让学生去练习什么战术，练习中学生对自己的学习情况也得不到及时反馈，反馈与强化原理得不到合理应用，课堂教学效率低下。

二、高校篮球战术教学与训练的对策

学生目前基本战术的不足之处主要表现在：站位不合理；不知道怎样跑位；练习者之间没有联系；各种小配合不得法；进攻和防守没有整体性。总之，用一个"乱"字就可以概括。而造成学生战术意识差的主要原因：学生在战术上学习得少、练习得少。另外，学生的基本技术和步法也较差。因此，就出现了学生战术素养较差的现象。

（一）进攻战术的教学分析

进攻意识是篮球比赛的主导因素。篮球是一项集体运动，这就要求运动员对篮球场有很好的洞察力，对队友、自己和对手的位置有很好的洞察力；与同伴的沟通能力强，进攻和行动目标明确；要具备战术配合迅速、果断等有效的得分行为。掩护配合是在实际教学比赛中运用成功率、命中率最高的一种进攻战术。教师可以根据有球与无球掩护配合的基本训练方法，让学生进行步法训练，通过加强对封面、封底、侧封面的培训，制定多种方案进行实践。

有球掩护配合是指无球队员为持球队员做掩护，创造投篮机会，称为有球配合。通常一人在外，一人在内两人密切配合。当外线队员持球时，内线人员到外线掩护持球者，掩护完成后，内线人员转身切入准备接球或占位抢篮板。

在课堂上学习有球掩护战术时，教师组织学生学习、练习的内容：无球队员身体稍前倾，肘部放在胸前或侧身，双脚与肩同宽，重心放低，身体与防守队员保持一定距离，身体静止，动作隐蔽、突然、快速，身体动作正确，不可让防守队员轻易挤过去；掩护队员转身时要占据有利位置，挡住身后的防守队员，伸出手来做出接球的动作，进攻要及时、准确、隐蔽，关键在于在对方被动防守的情况下，有效把握掩护配合时机，在对方主动防守的情况下，可通过传接球配合和掩护多样性进行有效的进攻。

（二）防守战术的教学分析

在课堂教学中，防守意识的战术配合研究是在进攻战术配合研究的同时进行的。防守意识是指防守队员根据进攻变化，通过综合观察和自我感觉进行即时判断，从而有针对性的合理运用防守战术的能力。

基本防守配合包括挤压、切断传球、绕过对方掩护、交换防守、关门、夹击等方法。在课堂教学中，教师应注重培养运动员的主动性、不轻易言弃的精神以及勇往直前的精神；在技术方面，应加强运动员的步法动作练习，提高其多变应用战术的能力，控制变化的时机，加强队员体能开发、挖掘潜力，努力保证运动员能够适应高强度的身体对抗。教师要向学生强调防守能力强的球队往往是比赛的胜利者，这样做的目的是让学生更多地加强防守意识。

在篮球战术教学中，随着篮球进攻水平的不断提高，为了从根本上控制比赛局面，防守战术被提升到了一个新的重要位置。在当今篮球运动中，进攻性防守的概念已被引入实战中。进攻防守是在防守的基础上主动进攻，给进攻方以强大压力，控制进攻方的一种防守模式。防守时，防守运动员以球为中心，遵循"人球兼顾"的原则。在良好的防守意识和坚强意志的控制下，学生应合理运用技术动作和积极的身体动作，达到主动抢占、有效控制对手的目的。进攻防守练习的要求：防守队员的速度、耐力、爆发力和敏感度都需要特别高；防守运动员不断包围、攻击、追逐有球队员，干扰或阻拦无球队员，并大范围进行移动，迫使进攻队传球或违反规则争夺控制权；防守队员只有具备良好的判断力和身体敏捷度，具备连续高强度防守的速度耐力，又具备快速动作的速度和爆发力，这样才能达成防守的目标。

第四章　高校篮球运动技术战术训练

对于篮球运动而言，最重要的是技术和战术。首先，篮球技术是比赛中的基础素质；其次，战术是赢得比赛的关键。本章内容主要针对高校篮球的技术和战术进行详细研究与分析。

第一节　高校篮球运动技术训练

篮球技术指的是篮球运动中的各种技术性动作。篮球技术是篮球运动员的必备技能。此外，篮球是一项集体对抗性运动，因此篮球运动员不仅要熟悉篮球的对抗性技巧，而且要懂得团体合作，并且有效地运用战术，这样才能在比赛中发挥实力。篮球比赛的成绩说明，运动员掌握的技术动作越多，技术水平越高；战术应用越明智，比赛中的主动性就越强。

篮球战术的基础是篮球技术。没有技术就没有战术。任何篮球战术的有效实施都是以运动员熟练的技术动作为前提的。战术的发展和转化需要依靠运动员全面、熟练、先进的技术，而篮球战术的不断发展和进步将带动技术的发展和提高。篮球的技术与战术是相互影响、相互促进的关系。

篮球技术分为进攻技术和防守技术两大类。每一类又可以分为许多技术类别，不同的技术动作具有许多不同的使用方法，并且可以在不同的条件下执行不同的技术动作。篮球技术动作分类见图 4-1-1。

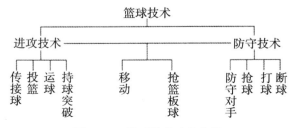

图 4-1-1　篮球技术动作分类

一、篮球技术的概述

（一）篮球技术的概念

篮球技术的基本含义应从动作方法和实际运用两个方面进行阐述。

篮球技术包括进攻技术和防守技术，是各种技术动作的总称。其主要有：控球动作（与接收、传球、运球、投篮等有关）、移动动作（与脚步、跳跃、停止、旋转和其他非球类运动有关）、抢球动作（如接球、切球、偷球等），以及由这些动作进行各种组合组成的动作系统。篮球技术也应符合人体运动科学的原理，并显示运动员的个性特征。它可以解决比赛中某些进攻和防守任务，并反映出行动方法的特殊性和合理性。

篮球技术也是运动员在进攻和防守情况下适当运用特定动作的能力。这不仅是动作方式的重复，而且是运动员的自觉动作和运动技能。因此，运动员当机立断，运用技术动作来与队友协作对抗对手也是他们的智力、体力、技能、经验和创新等各种能力的综合。

（二）篮球技术的基本特征

篮球技术的基本特征表现如下。

1. 身体动作与控制支配球的结合

篮球技术与其他体育项目相比最明显的特征：运动员直接用双手控制球，并与整个身体协调以形成各种特殊动作，通过控制整个身体的动作来控制球，展现篮球技巧的魅力。

2. 动态与对抗的结合

篮球比赛本身是进攻和防守对抗的动态过程。所有篮球技术都是在动态和对抗中得到实践的。篮球动作快速、准确、实用和多变，多项结合是篮球技术的另一个特点。

3. 相对稳定与随机应变的结合

任何运动技术都具有相对稳定的动作联系，篮球技术也不例外，但它必须随着环境的变化、对手的变化而变化，并及时使用技术以应对对手的动作。运动员必须将在攻守对抗的不同条件下的行动结合起来，并以灵活和创新的方式执行攻守任务。

4. 规范性与个体差异的结合

任何体育技术都必须遵守科学原则并具有一定的规范。某些动作连接的规则会影响球的控制和效果，因此运动员在比赛时必须按照规则进行操作。但是，运动员由于个体差异，其动作会表现出不同的特征。在实际的训练和比赛中，我们不应坚持采取计划行动的形式，而应强调实际效果。标准化和个人差异的结合是篮球技术的特征，其中篮球技术发挥着更大的作用，特别是一些具有技术专长的运动员更是拥有非常鲜明的个人风格。

（三）篮球技术风格和流派

技术风格是指运动员或团队整个技术系统所表现出的，成熟、常规的动作特点。技术风格的基础是技术体系和专业技能。在中国篮球运动发展的初期，有所谓的"北派"和"南派"。在国际上，美洲、欧洲和亚洲球队也有不同的风格与体系。由于不同国家的实际情况和地域特点等因素的影响，各国球队形成了不同的技术特点和体系风格。

（四）篮球技术结构

篮球的技术结构是一种有针对性的运动，它基于人体的骨骼肌肉结构。人体解剖学、运动学和动力学的知识体系是运动结构的理论基础。为了研究技术动作的原理，人们有必要了解人体肌肉骨骼系统的机械特性，骨骼、关节和肌肉的杠杆活动，肌肉活动与人体主要运动之间的关系。人体运动必须遵循一定的力学定律和原理，并与篮球技术运动的特性结合使用。

此外，在训练篮球技术的过程中，"球感"也起着非常重要的作用。"球感"是一种人在长期训练中获得的特殊感觉。这种复合感觉形成的过程是人通过运动中的视觉分析、运动分析和触摸分析仔细分析外界的刺激，然后通过练习加强，从而在大脑皮层中建立了稳定的神经连接。因此，运动员需要不断地加强基础技能培训，如果长时间不练习，"球感"就会慢慢消失。良好的"球感"也是篮球运动员的重要心理标志。

二、移动技术

移动技术是篮球比赛中运动员为了改变位置、方向、速度和争取高度所采用的各种脚步动作方法的总称。

移动是篮球技术的基础，与其他进攻或防守技能密切相关。在进攻端使用的移动技术包括选择位置、摆脱防守、空切或换位、传球、投篮、持球推进和突破等技能。在防守中使用的移动技术包括保持或占据有利位置、阻挡对手、阻止进攻、摆脱追赶、协助防守、采取及时果断的动作、抢断和争球等。移动的方式有很多，分类如图 4-1-2 所示。

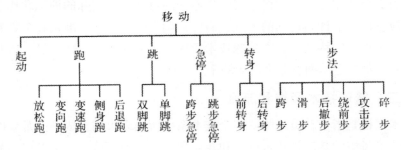

图 4-1-2　移动动作分类

（一）移动技术分析

移动的动作结构主要是由以脚踝、膝、髋关节为轴的多个运动组织合理组成的。移动是由准备姿势和身体协调用力两个主要环节组成的。

1. 准备姿势

运动员必须在场上保持稳定的姿势，以保持身体平衡和更大的适应能力，以便于快速、协调移动并执行各种动作。准备姿势：双脚张开站立成与肩膀大致相同的宽度，步法平坦且成一定角度，双膝微微弯曲和略微缩回，重心点落在双脚之间，脚跟稍微抬高身体并略微抬起上身向前倾斜，将双臂自然弯曲并放在身体侧面，同时观察周边情况。

2. 身体协调用力

篮球运动中，脚步动作利用脚和地面的作用力及反作用力在地面上进行前脚掌蹬地或脚后跟着地，从而人可以实现各种动作变换。脚在地面上施加的力与腿部的拉伸力是密不可分的，即脚踝关节、膝盖和髋关节预先弯曲到某个角度，然后主动拉伸，从而通过脚的作用施加力作用到地面。同时，协调腰部和臀部，以便在地面上施加力、协调力或增加力，并利用地面支撑的反作用来克服身体的重力和惯性从而达到平衡。在运动中人们需要控制和转移身体的重心，这样才能起跳。尽管各种动作都是通过下肢的脚踝、膝和臀部肌肉进行主要支撑，但它们也与身体其他部位协调、紧密地联系在一起。特别是腰部和臀部的强大协调力在驱动上半身协调运动以及调整或转移身体重心方面起着非常重要的作用。

（二）移动技术的动作方法

1.起动

以基本站立姿势作为准备动作。一开始，上半身迅速向前弯曲或转向侧面。同时，后脚的前脚掌踩在与起动方向相反一侧的地面上，手臂主动摆动，两只脚交替踩在地面上。起动应该简短快速，并在最短距离内使用最快的速度。

2.跑

运动员可以通过跑动来改变移动方式。在篮球场上的奔跑具有快速、多变的特点。跑动也是篮球运动员的基本技能之一，在篮球比赛中发挥着重要作用。篮球比赛中的跑动一般分为下列几种情况。

（1）变速跑

变速跑是使用速度变化来执行进攻和防守的一种方法。

动作方法：加速时，将上半身快速向前倾斜，用力蹬地，一开始起动速度要快，手臂进行相应摆动；制动时，步幅和蹬地力可以稍大一些，并且上半身伸直，前脚在地面上施加力，减慢向前的冲力。

（2）变向跑

变向跑是指运动员在跑动时突然改变方向以摆脱防守或封锁进攻的一种方法。

动作方法：以从右向左奔跑为例。从右向左奔跑时，后脚掌向内站住，迟一步落地，使用前脚内侧蹬地，弯曲膝盖，并将腰部向左扭动；向前倾斜躯干以移动重心，并用左脚向左移动，这一步应该很快，保持右脚站立，并继续快速移动。

动作要点：用右脚踩地面，弯曲膝盖，转移重心，然后第一步改变方向，快速前进。

（3）后退跑

后退跑是一种从进攻到防守时的跑动方式，目的是及时观察场上的情况。

动作方法：抬起两脚后跟，用脚前掌交替蹬地，主动收回小腿向后跑，上身放松，双臂肘部弯曲，协调摆动，保持身体平衡。

动作要点：脚跟抬起、脚蹬地、腿伸直、双臂配合。

3.急停

急停是运行中突然制动的一种动作方式。它是各种步法衔接变化的过渡动作。

跳步急停：用单脚或者双脚起跳，上肢稍后仰，两脚平行或前后同时着地，屈膝重心落在两脚之间，两臂屈肘微张保持身体平稳。

动作要点：踏出第一步停止时，脚底触地、屈膝、上身侧转移重心；第二步是将身体内部的推力扭转过来，转移到臀部下面，放低重心。

4. 转身

转身是一种改变身体方向的方法，用一只脚作为轴，另一只脚随着地面向不同方向移动。转身在比赛中被广泛使用，并经常与其他技术动作相结合。

动作方法：转身时，重心应移至中轴脚，另一只脚前掌内侧推地；与此同时，中轴脚的前掌要用力磨地；腰部应带动上半身随着脚的移动而旋转，改变身体向前或向后的方向；保持重心稳定，移动时不要上升或下降，当运动员在转身时，将重心在两脚之间来回移动。

转身可分为前转身和后转身，移动脚以脚尖方向为轴作弧形运动叫前转身，移动脚以脚后跟方向为轴作弧形运动叫后转身。

动作要点：降低重心，中轴脚用力推转，保持平衡。

5. 滑步

滑步需要运动员保持身体平衡，其可向任何方向移动。它是运动员在防守时的主要步法。它可以分为三种类型：侧滑步、前滑步和后滑步。

侧滑步。双脚向左右张开，比肩膀略宽；保持膝盖弯曲，降低重心；双臂伸展，身体微微前倾，盯紧盯防的对手。当运动员向左滑步的时候，运动员的左脚向左移动，同时运动员的右脚跟随左脚做一个连续的运动。当运动员向右滑步时，动作与上面相同，只是方向相反。滑行时运动员要注意身体重心的平稳，控制防守区域，双脚迈大步幅，但不要跨步。

前滑步。从双脚前后站立开始；向前滑动时，前脚向前迈一步；着地时，用后脚前掌内侧蹬住地面。

后滑步。动作方法与前滑步相同，但方向相反。

动作要点：蹬地、步幅，要协调、有力，身体滑行平稳，双臂伸展。

6. 后撤步

后撤步是一种改变前脚与后脚移动的方法，它的目的是使防守运动员能够保持一个有利的位置，特别是当进攻运动员准备进行突破时，防守运动员通常会快速后撤并通过滑步或跑动来移动。

动作方法：后续滑步的步频要快，后续步要快速蹬地，并伴有一定程度的辗转，在撤步脚着地瞬间，要快速跟随，向移动方向滑动，并保持防守的基本姿势，以保证后续防守移动的机动性和灵活性；撤滑步时要保持屈膝且上肢稍前倾的身体姿势，不能因为撤步而上肢后倾，以致失去对身体平衡的控制。

动作重点：前脚蹬地迅速后退，后脚带动腰部积极旋转臀部。

7. 碎步

碎步又称滑跳步，是防守性步法之一，多用于外线防守。

运动方式：双脚张开站立，略宽于肩膀。双膝弯曲时，前脚不停蹬地，然后以较小但快速的步伐左右移动。

8. 跳

当运动员在比赛中需要一定的高度和距离时，就会做出跳跃的动作。篮球运动中的很多动作都需要在空中进行，因此跳跃是十分常用的动作。

双脚起跳：起跳前，双脚分开与肩同宽，迅速弯曲膝盖、蹲下、并相应地向后摆动手臂；上肢稍微向前倾斜，抬起身体时，双脚用力蹬在地面上，伸直膝盖，抬起腰部，然后快速向前摆动手臂以使身体向上移动；上身自然在空中伸展，腰部保持平衡。落地时，先用脚掌接触地面，弯曲膝盖以缓冲下降的重力，使身体保持平衡，并为下一个动作做准备。

单脚起跳：一只脚踩踏地面，然后快速移至前脚，前脚蹬地，同时抬起腰部并摆动手臂；当身体到达最高点时，另一条腿迅速弯曲膝盖并抬起，使腿摆动自然伸直；落地时，双脚应稍微分开。

（三）移动技术的教学与训练

首先，教师必须要弄清楚移动技术在篮球中的地位以及其对其他技术的影响，然后分别阐述移动技术的每种作用方式，以便学生能够正确地理解其概念。课程的一般顺序是站立、起动、奔跑、急停、转身、跳跃以及进攻和防守时脚步的基本姿势。

其次，应该在训练中多加练习，以便学生能够了解到运动的困难和控制重心的方法；然后分解练习全部技术动作，最后快速纠正动作中的各种错误。

最后，应该改善特定的身体素质能力，加强对腿部力量和脚踝关节、膝盖和髋关节的柔韧性的训练。同时，移动技术应该与其他基础的进攻和防守技术以及战术相结合。在评估篮球技术时，应将移动技术列为考核和考试的内容之一。

①由攻转守综合性跑动练习，如图 4-1-3 所示。

要求：起动快，几种跑动的节奏变化明显。

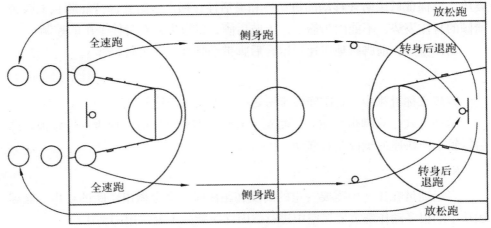

图 4-1-3　跑动练习

②进攻跑动及换位综合性移动练习，如图 4-1-4 所示。

要求：衔接好动作。

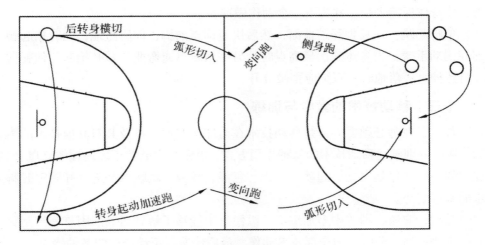

图 4-1-4　跑动换位

三、接球技术

接球是篮球运动中运动员使用的主要技术之一，是获得球的动作，是抢篮板球和抢断球的基础。接球分为原地接球、跑动接球、摆脱接球（摆脱迎上接球、摆脱反跑接球、摆脱插上接球）。

（一）原地接球方法

1. 双手接球

双手接球是接球最基本的方法，也是篮球运动中最常见的一种动作。其优点是可以牢固地掌握球并且可以轻松切换到其他动作。当运动员需要用双手抓住球时，需要注视球并伸开双臂做好准备。拇指呈"八"字形，手指朝前和朝上，手成半圆。当手指触摸球时，手臂跟随球的方向以拉动球的力，并将球保持在胸部和腹部之间。同时，保持身体平衡，准备接下来的传球或投篮动作。传球的高度不同，则接球时两臂的高度也不同。

2. 单手接球

运动员用单手控球时控制范围较广，可以从不同方向接球。但是，通常来说，运动员应该尝试用双手抓球，这样更加稳固。当运动员用右手接球时，将右脚朝球方向移动，接球时，手指自然分开，右臂伸向球。当手指触摸到球时，手臂将球向后拉，然后左手立即握住球，两只手将球控制在胸部和腹部之间，保持基本的持球姿势。

（二）跑动接球

跑动接球是篮球比赛中最常见的接球方法之一。这是防守方进入快攻和快速突破过程中使用的主要方法。其主要方式是在运动员跑动时，脚趾指向前方，上身沿传球的方向侧身，手臂伸出，并主动捡起球。跑动接球后，运动员可以运球、传球或投篮。

（三）摆脱接球

摆脱接球是在阵地进攻中无球运动员为了摆脱对手抢占有利持球进攻位置而经常采用的接球的方法。其方法是无球进攻运动员利用脚步动作（如变向跑、转身、停步等）或队友的掩护摆脱防守后接到传球，并采用相应的停步动作以衔接下一个攻击动作。摆脱接球又分为摆脱迎上接球、摆脱反跑接球、摆脱插上接球。

①摆脱迎上接球是外线运动员在侧向或背向持球人时，移动摆脱对手后面向持球人迎前接球的方法。接球后球员一般采用急停面向对手成持球基本站立姿势以衔接下面的持球突破过人或投篮、传球等动作。

②摆脱反跑接球是外线运动员在侧向或面向持球人时，移动摆脱对手后侧向或背向反跑接球的方法（图4-1-5）。接球时可采用急停技术，以便于衔接下面的进攻动作。摆脱反跑接球一般需要传球运动员的配合。

③摆脱插上接球是内线运动员利用转身或抢步等脚步移动摆脱防守，绕到防守运动员的前面，背向球篮接球的方法，多用于中锋策应（图 4-1-6）。接球时可采用急停技术，接球后可通过转身等动作来衔接下面的进攻动作。

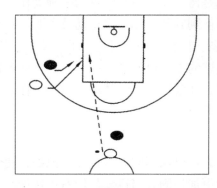

图 4-1-5　摆脱反跑接球

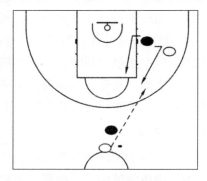

图 4-1-6　摆脱插上接球

四、传球技术

传球技术指进攻运动员在原地或移动中将球从空中传出或以地面反弹的方法将球传给队友的技术总称。

（一）传球动作的方法

1. 双手胸前传球

双手胸前传球是比赛中最基本、最常用的传球方法，用这种方法传出的球快速有力，该方法可在不同方向、不同距离的传球中使用，而且便于和投篮、突破等动作结合运用。

双手胸前传球需要运动员张开两只手的手指，拇指相对呈"八"字形，并且将球保持在手指的根部上，将肘部自然弯曲到两侧，将球放在胸部和腹部之间，并使身体处于基本站立姿势。当后脚在地面上且身体重心向前移动时，前臂迅速向传球方向延伸，拇指紧紧按压，腕部向前弯曲，食指和中指用力推动篮球。传球后，身体迅速调整到基本站立姿势。当进行短距离传球时，前臂只需要小幅度伸展；长距离传球需要增加蹬地、手臂伸展、腰部和腹部的协调力量。传球越远，手臂伸展的范围就越大。

2. 单手肩上传球

单手肩上传球是单手传球中一种最基本的方法。这种传球的力量大，球飞行速度快，常用于中、远距离传球。

传球动作是指将球从自己的手中转移到队友手上的动作。双手传球与单手传球进行传球的力量与时间并不相同，这将对球的速度和距离产生影响。传球的方向取决于手在球上的位置以及手腕和手指的动作（通常在球的后面，与传球的方向相反）。传球的角度应略大于水平方向，以克服飞行过程中重力对球的影响。传球速度取决于传球动作开始之前动作的速度和力量，在正常情况下，传球时不必故意转动球，这会给传球带来困难。

（二）传球的形式

1. 推进性传球

推进性传球是运动员在后场获得球后，在向前场推进时所使用的各种不同传球形式的简称。

2. 转移性传球

转移性传球是运动员在获得球的基础上，在球场一侧有策略的连续运用传球吸引防守运动员向有球一侧移动靠拢，伺机给另一侧队友创造攻击机会的各种传球方式、方法的简称。

3. 隐蔽性传球

隐蔽性传球是运动员在获得球的基础上，利用隐蔽性传球技术动作，将球越过面前的防守运动员，及时传给队友的各种传球方式、方法的简称。隐蔽性传球方法如下。

（1）单、双手头上传球

持球运动员双手举球于头上，腰腹用力，前臂迅速前提，手腕前屈，手指用力拨球，使球从防守运动员头的上方越过。也可采用单手的方式，以快速的单手体前传球动作，抓住对手防守的空当，突然将球从防守运动员头上或头侧传过。

（2）体侧传球

持球者向传球手的侧前方迈出，上肢同时向同侧移动做假动作，同时将球向后侧方传出，手腕前屈，用食指、中指拨球，使球从防守运动员的体侧空当越过。

（3）反弹传球

持球者利用假动作吸引防守运动员的手臂上举或侧举，同时将球迅速通过地面反弹给队友。传球时向下前方伸臂，手的用力点作用在球的后上方。击地点根据防守者和接球者所站位置来确定。

（三）传、接球的练习方法

1. 原地传、接球练习

（1）两人一组一球，面对面站立传、接球练习

两人相距 3～5 米，做各种传接球练习。

双方要保持基本站立姿势，持球、传球、接球的手法正确。传球、接球动作由慢到快，距离由近到远。单手传、接球练习使用左、右手交替进行。

（2）不同方向传、接球练习

如图 4-1-7 所示，5 人一组用 2 个球。④、⑤各持一球，④传球给⑥，⑥接球后迅速传给⑦，⑦再传给④；当⑥刚把球传给⑦时，⑤立即传球给⑥，⑥传给⑧，⑧再传给⑤，如此反复练习。练习一定时间或次数后，按顺时针轮转换位置进行练习。

要求：④和⑤向⑥的传球速度要由慢到快；⑥向⑦和⑧传球时不要转头，用眼睛余光观察传球的目标。

图 4-1-7　不同方向传、接球练习

2. 移动中传、接球练习

（1）接前、后、左、右球的练习

如图 4-1-8 所示，两人一组一球，相距 4～6 米。④向⑤的前、后、左、右方向传球，⑤移动去接球，再回传给④。练习一定时间或次数后，两人交换角色练习。

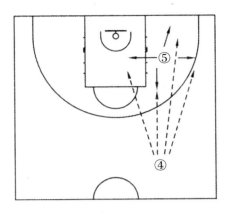

图 4-1-8 接前、后、左、右球的练习

要求：移动中接、传球要保持正确姿势，判断好来球方向、路线，快速、及时地移动接球。接球停稳后迅速回传。

（2）迎面跑动传、接球练习

如图 4-1-9 所示，4 人一组一球，分队面对站立，相距 5～6 米。④上步跑动接⑤的传球，急停后，传给对面上步跑动来接球的⑦。传球后跑至对面一组的队尾，依次循环练习。

要求：上步跑动接球手法正确，接、传球协调连贯。

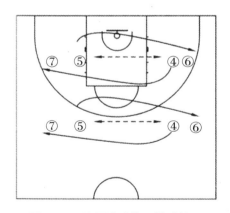

图 4-1-9 迎面跑动传、接球练习

（3）横向移动换位传、接球练习

如图 4-1-10 所示，4 人一组两球，排成"口"字形. 相距 4～5 米。④、⑤各持一球，开始时分割将球传给⑥和⑦，然后两人立即横向换位接⑥和⑦的回传球，⑥向⑦传球后同样横向移位，依次反复练习。

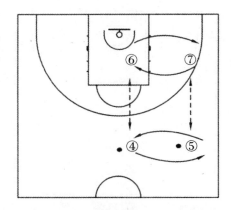

图 4-1-10　横向移动换位传、接球练习

要求：传球移动速度要快，接球后要停稳，同时用眼睛余光观察队友与球。

3. 结合其他技术的传、接球练习

（1）3 人围绕传、接球结合上篮练习

如图 4-1-11 所示，3 人一组一球，落位于端线处。由持球的⑤发动，传球给插中的④后，快速从④的背后围绕向前跑动。④接球后传给插中的⑥，并从⑥的背后围绕向前跑动，依次重复进行至对面篮下接球者上篮。完成练习的运动员可以立即分散返回，也可各组都练习完后再返回。

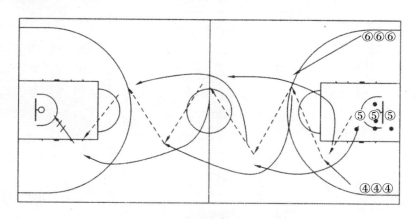

图 4-1-11　3 人围绕传、接球结合上篮练习

（2）综合练习

如图 4-1-12 所示，运动员分成 4 组分别落位于 4 个场角，用一个球。开始时，持球的④快速运球至中线附近，将球传给⑤，然后快速向篮下切入，接⑤

的回传球投篮，投篮后排到⑤的队尾。⑤传球后跟进冲抢篮板球，并将球传给另一侧向前跑动的⑥，然后排到⑥的队尾。⑥运球到中线附近传给⑦，快速切入，接⑦的回传球后投篮，然后排到⑦队尾。⑦传球后冲抢篮板球，传给插上的④，然后到④队尾。如此进行循环练习，一定时间后换另一方向进行。可用两个球同时进行练习。

要求：起动及时，传球准确、到位；冲抢篮板球后一传快而准。

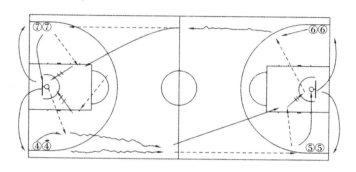

图 4-1-12　综合练习

五、运球技术

运球是持球运动员在原地或行进中用单手连续按拍篮球，而后借助地面将篮球反弹起来回到手中的一种技术动作。

运球是篮球运动中重要的基本技术之一，它在一定程度上反映着运动员控制球和支配球的能力。娴熟的运球不仅是个人摆脱、突破防守的进攻手段，也是组织全队战术配合的桥梁，并且对于发动快攻、突破紧逼防守都起着极大作用。在训练和教学的过程中，教师在教给学生运球技术的同时，还应教给学生如何把握适时而恰当的运球时机。

（一）运球技术分类

运球技术动作方法很多，主要分为原地运球和行进间运球两大类。具体分类如图 4-1-13 所示。

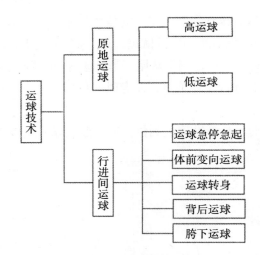

图 4-1-13　运球基础分类

（二）运球技术简析

运球是通过运动员以手对球的控制并结合快速、灵活、多变的脚步移动来实现的。因此，运球的关键在于手对球的控制和手脚的协调配合。运球技术的动作方法有很多，但各种运球技术的动作过程都是由身体姿势、手臂动作、球的落点、手脚和身体的协调配合四个环节组成的。

1. 身体姿势

两脚前后开立与肩同宽，两膝微屈、上肢稍前倾、抬头平视，非运球手臂屈肘平抬，以保护球和维持身体平衡。

2. 手臂动作

运球时，自然张开手指，用手指触球，然后放松手指和手腕。运球动作因比赛情况而异。在低运球时，肘关节是轴，手指和手腕快速推动球，而在高运球时，肩关节是轴，手指和手腕用来按拍球。当球从地面弹起时，需要用肘部、腕部伸展和手指的弯曲来缓冲球弹起的力，并控制球的高度，速度和角度。

3. 球的落点

运球的速度、方向以及按拍球的部位不同，会导致球的落点、入射角度以及反射角度也不同。按拍球的力量大小影响着球反弹的高度与速度。

4. 手脚和身体的协调配合

运球需要在身体移动的时候进行。运动员需要在移动速度和球速之间取得平衡，同时还要保持适当的动作节奏并注意控制身体的重心。协调配合的关键在于力量的大小和球的落点。手臂运动的变化应与步态和姿势的变化同步，以便以协调的方式进行运球。

（三）运球技术动作方法

1. 高运球

高运球一般在没有防守运动员的情况下使用。

动作方式：运球时，稍微弯曲双腿，上半身稍微向前倾斜，眼睛向前看，前臂自然弯曲并拉直，手腕和手指在球的背面和顶部轻轻并牢固地按拍，用手指和手掌触球；球的落点应位于运球手、脚外侧的同一侧，球的反弹高度位于胸部和腹部之间；快速运球时，稍微增加力量，使球的落点远一些。

2. 低运球

低运球多用来防止防守运动员抢截球或突破防守运动员。

动作方法：在运球过程中遇到防守运动员，需要放慢速度，弯曲手腕，然后用手指和指跟按压球，使球降低到膝关节位置，加快速度从防守运动员的一侧越过。

3. 运球急停急起

运球急停急起是摆脱防守运动员的一种较实用的突破防守的方法。

动作方法：快速运球中突然利用两步急停，同时按拍球的前上方，目视前方；急起时，上肢迅速前倾，重心前移，前脚掌用力蹬地，后脚迅速向前跨出一大步，同时按拍球的后侧上方，加速摆脱防守。

4. 体前变向运球

体前变向运球也是摆脱防守的一种运球方法。

动作方法：当持球人从防守运动员的左边突破时，用左手按拍球的左后上方，使球从右上方弹回；同时，左脚向球右方快速移动，上半身同时向右旋转，侧肩靠近防守运动员，球压低；当球回弹至腹部时，右脚迅速蹬到地面，右手轻拍球背，超过防守者。

（四）运球技术的讲解与练习方法

1. 讲解

教师要向学生讲解运球的目的和作用，以及运用的时机、动作方法、动作要领和关键环节，使其掌握正确的运球技术。

2. 练习方法

（1）原地运球练习

方法：学生每人一球，成体操队形，进行各种练习。

要求：体会手指、手腕、上臂的用力顺序和按拍球的手形，以及各种前推、后拉、左右变向时按拍球部位的不同，提高其控球、支配球的能力。

①高运球练习。

方法：同上。

要求：站立姿势和运球手法要正确，重点体会主动迎球、随球上引的动作。

②低运球练习。

方法：同上。

要求：两膝弯曲降重心，运球高度在膝关节以下，快速按拍球。

③体前侧（拉）、后（推）运球练习。

方法：同上。

要求：按拍球的部位正确，力量适中，控制好落点，重心下降，控制好球。

（2）行进间运球练习

①直线高运球练习。

方法：分三组或四组站在端线外，每组一球，同时向对面端线运球，返回时换另一手运球，然后交给下一运动员；为增加练习兴趣，此练习可结合分组竞赛进行。

要求：运球时抬头目视前方，速度由慢到快，控制球的落点、速度，手、脚要协调配合。

②绕障碍物或弧线运球。

方法：全体同学分三组，可以两组同时开始绕球场的三个圆圈练习；也可单组进行，交换练习；亦可绕罚球区和中线的圆圈后到另一罚球区圆圈时用另一手运球练习等。

要求：沿圆圈运球时，注意身体重心内倾，手要按拍球的侧后上方。

③运球转身或背后运球。

方法：运球到障碍物时，做后转身运球一次或背后运球一次，再换手继续向另一障碍物运球。

要求：变换动作要突然，要加快运球速度。

④运球急停急起练习。

方法：根据教师口令、手势、信号等，练习急停急起或变速运球，成体操队形，两队同时做或横排集体做。

要求：要停稳，起动快；变速时注意掌握好节奏、高低，注意加速。

（3）运球对抗练习

①全场一对一攻守练习。

方法一：开始时防守运动员消极防守，几次以后改为积极防守练习，到前场底线返回时，攻守交换，轮流练习；亦可规定每组往返若干次后由另一组进行练习。

要求：防守从消极到积极；运球运动员变化要多，并注意保护球。

方法二：分两组在（纵）半场内同时进行，进攻运动员用体前变向换手、转身运球、运球急停等技术摆脱、超越防守。

要求：进攻运动员动作变化要突然；防守由消极到积极，要认真。

②半场二防三练习。

方法：在半场内进行二防三练习，规定一定的控制球时间算进攻成功，也可进行三防四、四防五进行练习。

要求：攻防积极，积极抢断球。

六、投篮技术

投篮是在比赛中，运动员运用各种专门、合理的动作将球投进对方球篮的方法。

按持球方法、投篮出手前置于身体的部位、投篮时移动的形式及投球入篮的方式，投篮分类如图 4-1-14 示。

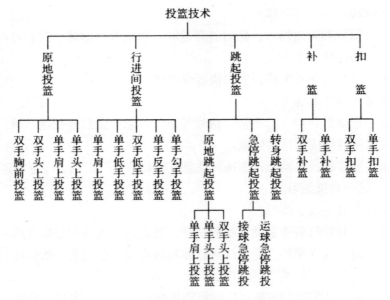

图 4-1-14　投篮技术分类

（一）投篮技术简析

1. 持球手法

（1）单手持球法

以原地单手肩上投篮的持球方法为例，手腕后仰，五指分开，用指根以上部位触球，肘关节自然下垂，另一手扶球的侧上部，举球于同侧头或肩的前上方。

（2）双手持球法

以原地双手胸前投篮为例，两拇指成"八"字形，用指根以上部位握住球的两侧后下方，手心空出。两臂自然屈肘下垂，置球于胸前，肩关节放松。

2. 瞄篮点

瞄篮点是指投篮时眼睛注视篮圈或篮板的那一点。该方法可以使人瞬间目测出篮圈的方位和距离，从而决定投篮出手的力量，篮球的飞行弧线和落点。投空心篮的瞄篮点一般为篮圈前沿的正中点，碰板投篮的瞄篮点一般是篮板的一点。其根据投篮角度、距离、力量和飞行弧线的不同而有所区别。

3. 出手角度和出手速度

出手角度是指投篮时球离手的一瞬间，球体重心飞行轨迹的路线与出手点水平面所形成的夹角，它决定了球在空中的飞行弧线和入篮角的大小。

出手速度是指投篮出手的一瞬间，身体各部位的综合肌力经过手指和手腕的调节使球离手进入空间运行的初速度。投篮出手速度首先取决于身体协调性、综合用力的大小以及腕指用力的调控程度，而手腕的翻转与抖动和手指弹拨球的动作柔韧性、突然性和连贯性是取得合理出手速度的关键。

（二）影响投篮命中率的因素

在比赛中，影响投篮命中率的因素是多方面的，如运动员在训练和比赛中的思想作风、投篮技术掌握的熟练程度、投篮时机的选择、身体训练程度以及对手的防守能力和自己的心理素质等因素都关系到投篮的命中率。

1. 投篮技术

掌握正确的投篮技术是提高投篮命中率最主要的因素之一，因此篮球教学应着重强调正确的投篮技术动作，并在正确投篮动作的基础上强化练习，提高投篮技术动作的熟练程度。

2. 投篮时机

投篮命中率的高低，还与是否有了良好的投篮时机有关。投篮时机好、防守干扰小、自己有信心，命中率就高；相反，投篮时机不好防守干扰大、自己信心不足，命中率就低，甚至有时候还有可能遭到对手的封盖，挫伤球队的士气。因此，在比赛中球员应努力创造和把握良好的投篮时机，争取每一次投篮都能在无干扰的情况下进行。良好的投篮时机一般有以下几种情况。

①自己持球摆脱防守后；

②处在有利的位置上或有把握的位置上接到球后；

③战术配合中出现预期的投篮时机时；

④队友处于有利的抢篮板球位置上或自己有把握冲抢到篮板球时；

⑤防守运动员距自己较远或利用假动作分散对手的注意力时；

⑥比赛中打不开局面，需要强行投篮时。

3. 身体训练程度

身体素质是球员完成各种技术动作的客观基础，对投篮命中率有极大的影响。很多运动员在比赛开始时命中率较高，随着比赛时间延续、体能下降，其命中率就会明显降低。因此，在训练中要加强身体训练，并把身体训练与技术训练有机地结合起来，甚至有时候需要在超负荷的条件下进行投篮训练，以在紧张、激烈的比赛中能够保证投篮命中率。

4. 心理素质

心理素质对于投篮这样精准度要求较高的技术来说尤为重要，球员心理上的一点点变化都会对投篮命中率产生直接的影响。现代篮球除了要求球员有强健的身体、熟练的技能以外，还要有过硬的心理素质，不管面对多强大的对手，都要敢于出手、勇于出手，果断并且有信心地去投篮。

（三）投篮技术动作方法

1. 原地投篮

（1）原地单手肩上投篮

①用途：原地单手肩上投篮是篮球运动中最基本的投篮方法，是行进间投篮和跳起单手肩上投篮的基础。

②动作方法：（以右手投篮为例）双脚原地开立，与肩同宽，右脚稍前，身体重心落在两脚之间，屈肘，手腕后仰，掌心向上，五指自然分开，持球于右眼前上方，左手扶球侧，两膝微屈，上肢放松并稍后倾，目视瞄篮点；投篮时下肢蹬地发力，腰腹伸展，抬肘伸前臂，手腕前屈带动手指弹拨球，最后通过食指、中指柔和用力将球投出，球离手后右臂应有自然跟随动作。

③动作要领：上下肢协调用力，蹬伸、展腰、屈腕要一气呵成，手指要柔和地拨球。

（2）双手胸前投篮

①用途：它是双手投篮中最基本的投篮方法，其优点是便于和传球、持球突破等技术结合，能充分发挥全身的力量，一般女子运用这种投篮较多。

②动作方法：两脚前后或左右开立，两脚微屈，重心落在两脚之间，两臂屈肘自然下垂，双手持球于胸腹前，上肢稍前倾，目视瞄篮点；投篮时，两脚蹬地同时腰腹伸展，两臂迅速向上伸出，手腕前屈，通过食指、中指指端将球投出，球出手后身体随投篮出手方向伸展。

③动作要领：自然屈肘，蹬伸、翻腕、手指拨球用力协调一致。

2. 跳起投篮

跳起投篮简称跳投，其出手动作与原地单手肩上投篮基本相同，只是在动作结构上增加了起跳部分，投篮动作要在空中进行。

（1）原地跳起单手肩上投篮

（以右手投篮为例）两脚左右开立，两膝微屈，身体重心落在两脚之间，双手持球于胸腹之间，上肢放松，目视瞄篮点。起跳时，屈膝降重心，两脚掌用力蹬地向上起跳，同时双手举球至肩上，左手扶球的左侧。当身体达到或接近最高点时左手离球，右臂向前上方伸展，同时发力屈腕，食、中指用力拨球，使球通过指端投出。

（2）急停跳投（以右手投篮为例）

运动员在运球中，突然利用跳步或跨步急停起跳，同时两手持球上举。当身体接近最高点时，右臂向前上方伸展，手腕发力前屈，食、中指用力拨球，通过指端将球投出。接球急停跳投时，运动员跳步或跨步急停接球，两脚同时或前后落地，脚尖对正投篮方向，两腿稍屈、降低重心，并迅速跳起投篮。

3. 扣篮

扣篮是直接将球由上向下灌入篮筐内的一种投篮方法。扣篮方式有原地扣、行进间扣、单手扣、双手扣、正手扣、反手扣、凌空接扣等。

4. 补篮

补篮是指投篮未中，球刚从篮圈或篮板弹出时，在空中运用单手或双手将球托入或拨入篮圈的投篮，是一种无明显持球动作直接用力投篮的方式。基本的补篮方法有单手补篮和双手补篮。

（四）投篮技术的练习方法

1. 原地投篮练习

①徒手模仿练习。两人一组相互对投，体会投篮手法和用力动作。

要求：注意持球手法，下肢先发力，体会蹬、伸、拨（手指拨球）的动作。

②正面定位投篮练习。运动员每人一球在罚球线上排成单行，自投自抢，依次反复进行。

要求：注意持球手法，下肢先发力，体会蹬、伸、拨的动作。

2. 行进间投篮练习

运动员运球与球篮成45°角，自三分线外起动进行行进间投篮，抢篮板球后将球传给下一名运动员后跑至队尾，依次轮流练习。此练习也可在篮下站一人，外围运动员依次跑进，接篮下运动员传给的球上篮。

要求：用低（高）手投篮的动作方法，脚步要正确。

3. 行进间传接球投篮

两人一组，全场传接球投篮。

要求：跑动中传接球动作要规范；推进要有一定的速度。

4. 移动投篮练习

两点移动投篮，两人一组，一人传球，一人投篮。规定连投 10 ～ 20 次，或达到规定的投中次数，两人交换练习。运动员可根据主要进攻位置确定投篮点，如前锋重点练 45° 角和 0° 角两点移动接球投篮，后卫重点练习罚球弧顶和 45° 角两点移动接球投篮。

要求：移动迅速，接球同时做好投篮准备，投篮时不要再调整。

5. 跳起投篮练习

每人一球原地跳起投篮，运动员在罚球线两侧站成两路纵队，依次投篮，投篮后自抢篮板球站到另一队的排尾。

要求：持球下蹲、举球和起跳动作要协调连贯，控制好身体重心，在接近最高点时出手。

七、持球突破技术

持球突破技术是篮球运动员将脚步和运球技术相互结合，从而能够迅速突破对方防守运动员防守的一项篮球进攻技术。运动员在比赛中不仅可以依靠持球突破技术为己方创造良好的得分机会，还能够凭借犀利的持球突破使对方投篮犯规，打破对方的防守阵线。持球突破若可以和投篮技术、运球假动作等技术相结合便会使运动员的进攻手段得到极大丰富。但是，持球突破是一项较为高级的篮球技巧，它既要求运动员有较好的控球和运球能力、灵活的脚步动作，又要求运动员能及时判断防守运动员的变化，使其可以准确把握最佳的突破时机。因此，在持球突破技术的教学和训练过程中，教师不仅要教给学生规范的技术动作，而且要重视培养学生的突破意识和临场观察判断的能力。

（一）持球突破技术简析

持球突破技术动作主要由蹬跨、转体探肩、推放球、加速等几个环节组成。

1. 蹬跨

蹬跨是突破时产生起动速度的源动力。因此，在保持低重心姿势的同时，上肢应稍前倾，使重心前移。突破时跨出的第一步应落在防守运动员的外侧，脚尖指向突破方向，第一步稍大，以占据有利的突破位置，同时与积极主动有力的蹬地相结合，从而获得较快的初速度。

2. 转体探肩

转体探肩的主要作用在于抢占有利位置和更好保护球。探肩时上肢顺势前倾挡住防守者，同时身体重心迅速前移，准备加速超越防守者。

3. 推放球

推放球的位置应在身体的侧前方，即在跨步同时将球推放在脚的侧前方约30厘米处，手指指向前上方，推拍球的后上部，以球领人，以利于衔接下一个动作。

4. 加速

球员在完成上述动作后，中枢脚迅速蹬地，加速超越对手。

蹬跨、转体探肩、推放球、加速等环节之间既有动作的先后顺序，同时也是紧密衔接的。只有熟练地掌握这几个环节，并与正确的判断和果断的起动有机地结合起来才能获得较为理想的突破效果。

（二）持球突破技术的动作方法

1. 原地交叉步持球突破

①用途：当防守运动员与持球人的距离较近时，持球运动员会使用此技巧，因为原地交叉步不仅能够更好地保护篮球，还能够减少运动员走步的风险，所以初学者会经常使用。

②动作方法：以左脚为中枢脚为例，双脚分开站立，双膝微屈，将重心放在双腿之间，将篮球的位置控制在胸腹之间；在持球突破时，右脚的前脚掌内侧快速发力蹬地，使重心转移到左脚，同时向左前方跨步，上肢左转探肩，将球引于左侧，在左脚离地前用左手推球至防守者的右侧，同时左脚全力蹬地，加速超越防守运动员；如果在突破时能够结合投篮、假动作等技术，突破的成功率将更高。

③关键：第一步变向要突然，跨、转、探要连贯，紧密结合。

2. 原地同侧步持球突破

①用途：当防守人距持球人员的距离较近时，在防守人的重心转移，特别是重心严重偏移至一侧时使用。

②动作方法：以左脚作为中枢脚为例，原地同侧步的准备姿势与交叉步的准备姿势基本相同；运动员在突破时，左脚掌内侧快速发力蹬地，右脚向防守人的左侧快速迈出，脚尖向前，上肢稍右转，同时探肩，重心前移，在左脚离地前用右手推拍球于迈出脚的侧前方，同时左脚蹬地，加速超越防守者。

③关键：第一步快、步幅小、重心前移、转体探肩。

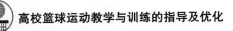
3. 各种位置上的一对一练习

方法：在前锋、后卫和中锋位置上进行一对一突破练习。

要求：

①进攻者从摆脱接球开始，接球后根据防守者的情况实施突破；

②投篮后双方积极拼抢篮板球；

③攻防转换快，进攻者抢到篮板球后发动二次进攻，防守者抢到篮板球后快速传球给组织者。

4. 半场三对三的练习

方法：规定进攻运动员不允许做掩护，只能用突破，防守运动员只能做人盯人防守，不允许交换防守，看哪个队先得 10 分。

要求：

①突破勇猛，时机掌握好，突破和传球、投篮衔接好，运用合理；

②投篮后积极拼抢篮板球，攻防转换速度要快。

（三）持球突破技术教学训练建议

在对运动员进行持球突破技术的训练时，应该对技术要求进行严格规范。要注意培养运动员学会分别使用左右脚作为中轴脚的能力；培养运动员的突破意识，提升运动员的比赛观察力和阅读防守的能力；培养运动员的心理素质，使运动员拥有一颗精进勇猛的大心脏，敢于在比赛之中挑战对方的防守；同时培养运动员对于比赛节奏、时间、位置的掌控。

八、篮板球技术

在比赛中，双方对投篮未中的篮球进行的争抢被称为抢篮板球。进攻方运动员争抢己方投篮未中的篮球叫作进攻篮板球或前场篮板球；防守方运动员争抢对方投篮未中的篮球叫作防守篮板球或后场篮板球。篮板球是争抢球权、保护篮筐、发动进攻的主要手段，在比赛的攻防转换中非常重要。

对于篮板球的拼抢极为激烈是现代篮球比赛的特征之一。现代篮球比赛要求所有篮球运动员都需要拥有非常强的篮板球意识，这也就导致了在比赛之中经常会出现多人身体碰撞、拼抢球权、争抢篮板球的情况。现代篮球比赛中人们的投篮次数和篮板球数量在不断上升。进攻方争抢下篮板球后既能够瞬间在篮下发起二次进攻，也能够掌握球权重新组织进攻；防守方在争抢下篮板球之后既能够趁对方没有完成防守落位时发动快攻，进行快速得分，还能够牢牢掌握球权组织阵地进攻。因此，篮球板的争抢对于取得篮球比赛的胜利是十分关键的。

（一）抢篮板球技术分析

抢篮板球是一项较复杂的技术，由抢占位置、起跳、空中抢球动作等环节组成。

1. 抢占位置

对有利位置进行抢先占据是争抢篮球技术中的重要部分。在争抢篮板球之前，运动员要对根据进攻运动员的投篮角度、距离以及弧度进行精准的判断，从而对篮球反弹后的落点有准确的判断，之后迅速抢占有利的位置，并观察对方运动员的动向，用身体将对方运动员卡在身后，避免对方运动员抢占位置，同时要准备随时起跳争抢篮板球。

2. 起跳

当运动员在争抢篮板球时，不仅需要抢占位置，还需要随时准备起跳。起跳的准备动作：两腿微屈，上肢稍微向前倾斜，双臂微屈立于体侧，将重心放在双腿中间。在准备起跳时，运动员需要观察篮球的弹起回落位置，同时还要注意对方运动员的位置。防守篮板球的争抢通常需要运动员使用原地上步、撤步或跨步双脚起跳的方式；进攻篮板球的争抢通常需要运动员进行一段距离的助跑起跳，或跨一步单脚起跳。起跳的关键是对于篮球回弹落点的判断，以便运动员能够及时起跳争抢篮板球。

3. 空中抢球动作

运动员在起跳后，需要用背部或肩部来挡住对方的运动员争抢篮板球。在空中抢篮板球时运动员需要双手在头部上方张开，依据篮球的回弹方向和落点选择使用双手、单手或点拨球等方式争抢篮板球。

（1）双手抢篮板球

运动员起跳之后，要用腰腹部位的核心力量控制身体的平衡，同时身体要向外延展扩大面积以挡住对方运动员，双臂尽量伸向篮球的回弹落点方向，当双手抓住篮球后，迅速抓紧并控制住篮球，然后腰腹用力，迅速将双手收回到身前，双肘微微外扩保护篮球。双手抢板篮球的优点在于可以将篮球牢牢控制住，以便于组织进攻，且比起其他动作，双手抢篮板球更容易被学习和掌握。但是双手抢篮板球也有缺点，即不如单手抢篮板球的制高点高和控制范围大。

（2）单手抢篮板球

运动员在起跳之后将身体与手臂尽量伸展，用一只手臂伸向篮球回弹的落点，当身体达到最高点后，用手抓住篮球，然后弯曲手腕和手臂，快速将篮球拉回到自己的胸腹位置，紧接着另一只手快速对篮球进行控制、保护。单手抢篮板球的优点是抢球点比双手抢篮板球的抢球点高、控制范围较大、身体伸展时较为灵活，但是对于篮球的保护不如双手抢篮板球。

（3）点拨球

点拨球的动作方法与单手抢篮板球相似，当遇到身材较高大的对方运动员或球的落点离自己较远而不易获得球时，可用指端点拨球的侧下方，将球点拨给队友，或将球点拨到便于自己获取球的位置。其优点是增加了触球点的高度，缩短传球时间，为发动快攻创造有利条件。但点拨球的准确性及与队友的配合时机较难掌握。

（二）抢篮板球技术的运用

1. 攻防转换战术

抢篮板球在攻防转换的战术中有十分重要的地位，教练在进行训练规划时要将抢篮板球纳入攻守战术之中。在比赛之中当出现投篮不中的情况时，两支球队都有机会抢得篮球板，只有更加主动、顽强、拼搏的一方才能争抢成功进行攻防转换或二次进攻。所以，对每个篮板球必争是对于运动员的基本要求。

2. 观察、抢占为先

教练在训练运动员争抢篮板球时，要注意培养运动员对于篮板球落点的判断和养成其观察投篮方向、弧线的意识。只有具备了这种意识，运动员才能够在争抢篮板球时抢占先机和有利位置。篮板球与投篮的方向、弧线、力度以及篮球回弹的方向有着密切的关系，当投篮是在中、远距离进行时，通常篮板球的回弹较远；当投篮是在篮下进行时，篮板球的回弹距离较近；在球篮一侧45°角地区投篮时，一般球弹出的方向是在另一侧45°角地区，或是反弹回同侧地区；在中间地区进行中距离投篮时，一般球弹出的方向是在罚球线内附近地区；在底线一侧零度角地区投篮时，一般球弹出的方向是球篮另一侧底线地区，或反弹回同侧地区。因此，运动员在训练和比赛中要善于观察投篮的方向、球飞行弧线的高低和速度的快慢，摸索和掌握投篮未中时球弹出方向的基本规律，提高预见性，及时合理地抢占有利位置。

3. 集体配合拼抢

争抢篮板球并不是某个运动员的职责，而是需要全队的团结协作。在比赛中，进攻运动员要做到"能投敢抢""左投右抢"；防守运动员要做到"能挡善抢""挡抢结合"。即使一些运动员因为位置不同或职责不同无法第一时间争抢篮板球，也要控制好弱侧区域，准备争抢二次篮板。如果对方有擅长冲抢篮板球的运动员，可以使用"盯人"的方法，将对方运动员牢牢盯住并卡住位置，不让对方运动员轻易跑动或起跳，在篮下形成没有对方运动员的三角区域，让己方其他运动员抢篮板球。

（三）抢篮板球技术的教学与训练

1.教学与训练的建议

第一，提高对抢篮板球重要性的认识，同时指出这是我国篮球运动技术的一个薄弱环节。把拼抢篮板球能力的培养与我国篮球运动水平的提高联系起来，对其高度重视。

第二，教师应运用分解教学法，训练运动员对于篮球回弹落点判断的能力，让运动员能够逐步学会抢位、起跳、抢板篮球等技术动作，之后再训练他们进行完整的抢篮板球技术的动作。

第三，要注意培养运动员争抢进攻篮板球与篮下二次进攻的能力；培养运动员抢下防守篮板球发动快攻的能力。

第四，培养运动员对于篮板球拼抢的意识，要将投篮出手作为争抢篮板球的信号，养成每个篮板必争的良好习惯。

第五，增加运动员的身体素质，提升运动员的核心力量与连续弹跳的能力。

2.练习方法

①徒手起跳练习：原地双脚起跳，向左、右跨步，单、双脚起跳，做单、双手抢篮板球模仿练习。

②空中抢球练习：每人一球，自己向上抛球后起跳，在最高点用单、双手抢球；两人一组一球，一人向上抛球，另一个练习用单、双脚起跳，单、双手抢球。

3.易犯错误及纠正方法

错误一：对球的落点判断不准。

纠正方法：多做投篮以后立即向球的反弹方向快速移动的练习，争取到位接球。

错误二：不会抢占有利位置。

纠正方法：两人一组，一攻一守做抢位练习。

错误三：起跳时间掌握不好，空中抢球不稳。

纠正方法：多做自抛自抢空中球练习，体会起跳时间和空中抢球动作，多做熟悉球性的练习。

九、防守技术

防守技术指的是防守运动员利用合理的身体对抗、脚步和手臂动作，积极拼抢有利位置，破坏或阻止进攻方的进攻，以夺取球权或破坏投篮为目的进行的各种技术动作的总称。在篮球比赛中，进攻和防守虽然是两个矛盾体，但却能够相互促进。防守质量的高低是衡量一个球队整体能力的重要标准，而球队的防守水平则是建立在运动员个人的防守能力之上的。

随着现代篮球的发展，比赛中攻防转换的速度在不断提升，防守的面积也随之扩大，在防守时要始终贯彻"防球为主，球、人、区三位一体"的防守原则。而一些防守战术也对运动员个人防守水平提出了更高的要求。例如，紧逼防守、人盯人防守、夹击防守等。所以，教练在日常的训练之中必须要对防守技术的训练予以重视，培养和提升运动员的个人防守能力，进而提升球队整体的防守水平。

（一）个人防守技术分析

个人防守技术的动作结构：以脚步技术为主，配合手臂以及手部动作进行夺球或干扰投篮。而防守的位置、距离、姿势、步法、视野等是影响个人防守技术质量的基本要素。个人防守技术是一项综合性的技术动作。

下面以防守脚步为例对个人防守技术进行简要分析。

防守脚步的技术动作指的是运动员在防守时主要只用以滑步为主的移动步法，它是防守技术的基础。当运动员在进行防守脚步训练时，一定要保持屈膝、降低重心，并将重心放在双脚之间，切忌并步和交叉。只有养成正确的防守脚步动作习惯才能够在防守时切换速度和方向，并保持重心，不会轻易失去身体平衡。

（二）个人防守技术的动作方法

1. 防守无球运动员

（1）防守无球运动员的基本要求

运动员在防守无球运动员时要注意自身位置，同时观察持球人的位置和无球运动员的位置。当运动员与无球运动员距离较远时，可以适当观察持球人的位置，但要防止对方利用跑位和挡拆摆脱，当对方进行内切时，要注意切断其接球线路。如有必要，要对篮下的持球进攻运动员形成夹击或协防。

（2）防守无球运动员的基本方法

防守运动员的防守位置要根据持球人与自己所防守的运动员的位置进行调

整。在篮球比赛中，以篮球场的纵轴线进行划分，有球的一侧为强侧，无球的一侧为弱侧。当防守运动员所防守的运动员在强侧区域时，应该时刻注意对方的传接球配合，要抢占有利的防守位置，控制对手的内切路线；当防守运动员所防守的运动员在弱侧区域时，要时刻注意其移动路线，同时观察强侧持球人的行动路线，必要时可以进行协防或包夹。防无球运动员时，要始终保持"球—我—他"的原则，即防守运动员要处于对手与球之间，与对手、球成钝角三角形。防守距离要根据对手与球、球篮的距离而定，做到近球上、远球放，人、球、区兼顾，控制对手接球。

2.防守有球运动员

（1）防守有球运动员的基本要求

第一，防守运动员要站在对持球人有威胁的位置。

第二，要清楚持球人的技术特点，以便于及时进行防守策略的调整，如持球人擅长突破，防守人则可以与其保持适当距离，防止其突然起动；如持球人擅长投篮，则防守方可以对其进行紧逼防守，不能让其顺利出手或干扰其投篮。

第三，当持球人停球后，应迅速贴近进行紧逼防守，并与队友适时进行夹击。

（2）防守有球运动员的基本方法

防守运动员要选择有利的防守位置，防守距离的远近要根据对手距离球篮的远近和对手的技术特长而定，对手离球篮近则近，反之则稍远，或者对手善突破则应稍远。

第二节　高校篮球运动战术训练

篮球战术指的是在篮球比赛之中双方的运动员进行有组织、有策略、有意识的团队协作，同时运用不同的技术来完成进攻与防守，是以篮球技术动作为基础，在一定战术指导思想和战术策略安排下进行的团队攻守方法。由于篮球的竞技形式是在封闭的场所中及一定时间限定下进行的，争夺球权，投篮得分的竞技活动，所以篮球比赛中比赛双方必然会不断地进行攻守交替和攻防转换。因此，篮球战术便有了进攻战术与防守战术之分，并且战术的数量繁多、变化复杂。

随着现代篮球运动的发展，篮球的战术体系也在不断变化，运动员在比赛中的战术也随之趋向全面性与机动性。但是，通常在篮球比赛中，还是将场上的五名运动员按照中锋、前锋、后卫三个位置进行划分。不同位置的运动员在场上所担任的职责不同，是否能合理安排每个位置上运动员的战术，充分发挥每个运动员的特点，并使运动员形成一个整体，是能否取得比赛胜利的关键。

　　篮球战术体系指的是相互联系、相互制约的篮球战术所构成的一个整体。在篮球运动中一般将篮球战术分为进攻战术与防守战术，但是随着现代篮球的不断发展，从 20 世纪 90 年代开始，篮球战术逐渐发展成为进攻战术、防守战术、攻防转换战术三大系统。随后人们又根据战术的行动安排将其分为个人行动、配合行动与集体行动。正是由于以上的战术系统和战术划分，人们才将篮球战术归纳构建成一个整体系统，将复杂的、多种多样的战术，按性质、区域、人数特点和作用相似加以归类，明确各自隶属关系，并加以网络化，图 4-2-1 对篮球战术体系的结构进行了清晰展示。

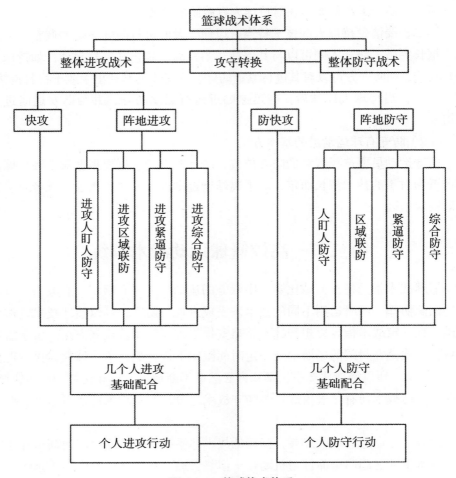

图 4-2-1　篮球战术体系

一、战术基础配合

篮球战术的基础配合指的是运动员在篮球比赛之中进行两人或两人以上具有明确目的、系统组织的团队行动的进攻和防守的方法。篮球战术的基础配合是整体战术配合的基础，在篮球比赛中，任何整体的战术配合都不能脱离篮球战术的基础配合。篮球战术的基础配合分为进攻战术的基础配合和防守战术的基础配合。所以，一支球队能够掌握多少篮球战术的基础配合，以及是否能够合理地运用，都会影响一支篮球队伍的整体实力，也是球队能否在比赛之中取胜的关键。

（一）进攻战术基础配合

进攻战术基础配合是在篮球比赛中，运动员两三人之间有目的、有组织、相互协同行动的配合方法。进攻战术基础配合包括传切、掩护、策应和突分配合。

1. 传切配合

传切配合是进攻战术中较为常见的一种战术，它指的是进攻运动员之间进行的传球和切入的配合，包括一传一切以及空切配合。传切配合虽然简单却是很多战术的基础。

传切配合的方法如下。

（1）一传一切配合

如图 4-2-2 所示，⑤传球给④后，立刻摆脱对手❺篮下切入，接队友④的回传球投篮。

（2）空切配合

如图 4-2-3 所示，④传球给⑤时，⑥乘其对手❻不备之机，突然横切或从底线切向篮下接队友⑤的传球投篮。

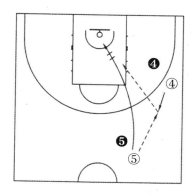
图 4-2-2 一传一切配合

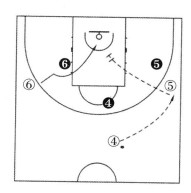
图 4-2-3 空切配合

2.掩护配合

掩护配合在篮球比赛之中出现最为频繁，它指的是无球人员用身体挡住防守运动员以便于持球人摆脱防守人进行突破或使其他无球人员能够顺利跑位的战术方法。

掩护配合的方法如下。

（1）侧掩护配合

示例1：给无球运动员做侧掩护（反掩护），如图4-2-4所示，⑤传球给④后，即向相反方向跑动给⑥做侧掩护，当⑤跑到⑥侧面掩护到位时，⑥摆脱防守切入篮下接④的传球投篮。

示例2：给持球运动员做侧掩护，如图4-2-5所示，⑤传球给④后跑到❹的侧面做掩护，④接球后直接投篮或突破，吸引❹的防守，当⑤掩护到位时，❹持球从❹的右侧突破投篮。⑤掩护后及时移动到有利的位置去接球或抢篮板球。

图4-2-4　无球侧掩护

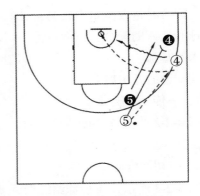

图4-2-5　持球侧掩护

（2）后掩护配合

如图4-2-6所示，是前锋为后卫做后掩护；⑤传球给⑥时，④跑到❺身后给⑤做后掩护，⑤传球后做向左切入假动作吸引❺的防守，当④掩护到位时突然向右侧切入篮下接⑥的传球投篮。又如图4-2-7所示，④给⑤做后掩护时，❹与❺换防，④及时转身切向篮下，接⑥的传球投篮（掩护后出现的第二次机会）。

图 4-2-6　后掩护配合（一）　　　图 4-2-7　后掩护配合（二）

（3）前掩护配合

前掩护是掩护者跑到防守者的身前，用身体挡住防守者向前移动的路线，使队友借机摆脱防守接球进行攻击的一种掩护方法。

3. 策应配合

策应配合是进攻战术中不可缺少的战术之一，它指的是当进攻运动员背对篮筐或在篮筐侧方时，以自身为枢纽支配球权，从而与队友形成内外呼应的配合战术。

策应配合的方法如下。

示例 1：如图 4-2-8 所示，④摆脱防守插到罚球线做策应，⑤将球传给④，并立即空切篮下，接④的策应传球投篮。

示例 2：如图 4-2-9 所示，④传球给策应者⑤，并从⑤身边切入篮下，⑥向底线下压后绕出，⑤可将球传给④做篮下进攻或传给⑥外围投篮，也可以自己进攻。

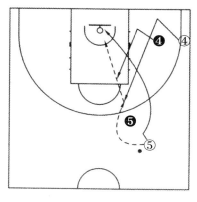

图 4-2-8　策应配合（一）　　　图 4-2-9　策应配合（二）

4. 突分配合

突分配合指的是当持球人突破防守自己的防守运动员后，将球传给己方无球运动员进行进攻的一种配合战术。

突分配合的方法如下。

如图 4-2-10 所示，④持球从底线突破❹遇到❻补防时传球给纵插到有利位置的⑤投篮。

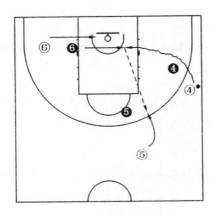

图 4-2-10　突分配合

（二）防守战术基本配合

防守战术的基本配合指的是在篮球比赛中为了阻止或破坏对方进攻，两名或两名以上的防守运动员进行的防守配合战术。防守战术的基本配合中有抢过、夹击、穿过、关门、轮转防守等。

1. 防守掩护的配合

（1）抢过配合

抢过配合对于应对掩护配合有着非常好的效果。在进攻运动员掩护持球人或者无球运动员时，防守运动员可以提前跨出一步贴近掩护运动员，然后从掩护运动员的身侧挤过去，对自己盯防的进攻运动员进行持续防守。如图 4-2-11 所示，④传球给⑤后给❻做掩护，❻在④靠近自己的一刹那，迅速抢前一步贴近❻，并从❻和④中间抢过去继续防守❻。

126

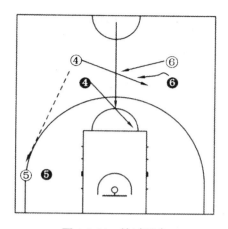

图 4-2-11 抢过配合

（2）穿过配合

穿过配合对于应对掩护配合也是一个不错的战术选择。当进攻方运动员在掩护时，防守掩护的运动员要及时提醒队友，然后向篮筐方向后撤一步，给队友穿过的空间以便于队友能够紧跟进攻运动员。如图 4-2-12 所示，⑤传球给⑥后去给④做掩护。❺要及时提醒队友，❹当⑤掩护到位前一刹那主动后撤一步，从⑤和❺中间穿过去，继续防守④。

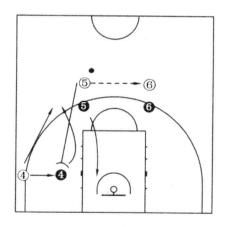

图 4-2-12 穿过配合

（3）绕过配合

绕过配合也是用于应对掩护配合的一种战术。当进攻运动员在进行掩护的时候，防守掩护的运动员可以紧贴住掩护运动员，使队友能够从自己的身边绕过，从而紧跟进攻运动员。如图 4-2-13 所示，⑥传球给⑤并去给他掩护，⑤传球给④后利用⑥的掩护向篮下切入，❺从❻和⑥的身后绕过继续防守⑤。

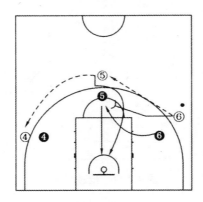

图 4-2-13　绕过配合

（4）轮转防守配合

轮转防守配合是为了应对掩护配合，交换防守自身所要盯防运动员的一种配合。如图 4-2-14 所示，⑤给④做掩护，❺要主动给队友发出换人的信号，及时堵截④向篮下突破的路线。此时❹应及时调整自己的防守位置，防止⑤向篮下空切。

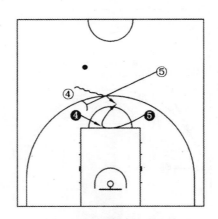

图 4-2-14　交换防守配合

2."关门"配合

"关门"配合是指两名防守运动员靠拢，协同防守突破的配合方法。

"关门"配合的方法如下。

如图 4-2-15 所示，当⑤向右侧突破时，❹和❺进行"关门"；向左突破时，❻和❺进行"关门"。

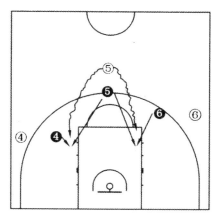

图 4-2-15 "关门"配合

3. 夹击配合

夹击配合指的是两名或两名以上防守运动员对持球人员进行封堵、包夹的一种战术配合。夹击配合是一种能够迅速破坏进攻方战术策略的防守战术，而且能够对持球人员进行有效的限制，使持球人员产生失误。但同时也会形成漏防，给予进攻方其他运动员机会。

夹击配合的方法：

如图 4-2-16 所示，④从底线突破，❹封堵底线，迫使④停球，❺同时迅速向底线跑去与❹协同夹击④，封堵其传球路线，迫使其违例或失误。

4. 补防配合

补防配合是指防守运动员在队友漏防时，立即放弃自己的对手，去补防漏防的进攻者，而漏人的防守运动员应及时换防另一进攻者的一种协同防守配合方法。

补防配合的方法：

如图 4-2-17 所示，⑤传球给④后，突然摆脱❺的防守直插篮下，此时，❻放弃对⑥的防守而补防⑤，❺去补防⑥。

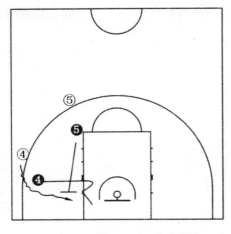

图 4-2-16 夹击配合

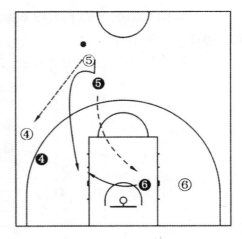

图 4-2-17 补防配合

二、快攻与防守快攻

（一）快攻战术

1. 快攻战术的概念

快攻指的是在比赛中产生攻防转换时，当防守方变成进攻方后，全队使用最快的速度、最短的时间将球推进到前场，力图做到以多打少，形成人数与位置上的优势，而后进行果断且合理的进攻的一种战术方式。

2. 快攻战术的特点与要求

（1）快攻战术的特点

①在攻防转换后，进攻方快攻时要全队参与，每个运动员都应该熟练掌握快攻技术，明确自己的位置。

②在快攻的过程中，运动员要学会使用跳投或使用"一传一扣"来快速终结进攻。

③当发动快攻后失去得分机会时，运动员要冷静处理，重新掌握好进攻节奏，各个运动员明确自己的位置，以便于发动阵地进攻。

（2）快攻战术的基本要求

①增强运动员的快攻意识，抓住每一个快攻的机会，尝试进行得分。

②在发生攻防转换时，推进的速度要快，推进的人员要分散，然后选择合理的路线进行快速跑动，要做到前后有序，左右形成呼应。

③持球推进的运动员要时刻观察全场的形式，无法自己直接得分时要将球及时传给最佳得分点，避免被防守运动员破坏快攻。

④当快攻不成时，要加强快攻与阵地进攻的衔接，迅速转入阵地进攻。

3. 快攻战术的配合方法

（1）长传快攻的方法

抢篮板球后长传快攻，如图 4-2-18 所示，④抢到篮板球后，首先应观察全场情况，掌握发动快攻的时机，⑦和⑧及时快攻超越防守。④根据情况，长传球给⑦或⑧进行投篮。④⑤⑥应随后插空跟进。

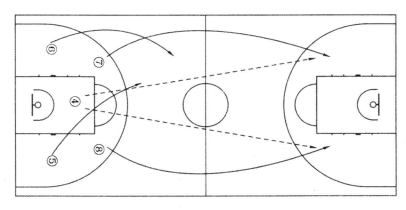

图 4-2-18　长传快攻

（2）短传结合运球快攻的方法

如图 4-2-19 所示，④抢到篮板球后，将球传给接应的⑥，⑥又把球传给插中路的⑤运球推进。⑦和⑧沿边线快下，⑤根据情况将球传给⑧或⑦投篮，④和⑥随后跟进。

（3）运球突破快攻的方法

中路与边线结合推进。如图 4-2-20 所示，④抢到篮板球后，⑤插中接应并将球传给沿边线跑动的⑧，⑧再回传给⑤从中路推进，⑦和⑧沿边线快下，⑥和④随后跟进。

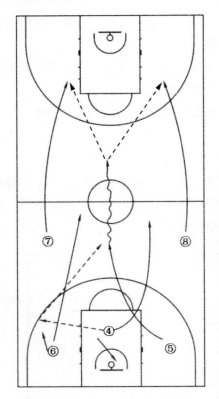

图 4-2-19　短传结合运球快攻　　　图 4-2-20　运球突破快攻

（4）快攻结束的配合方法

①二攻一的配合方法。当进攻方快速推进到前场形成二打一形势时，两名进攻运动员要快速拉开距离，将进攻的范围扩大，从而干扰防守运动员的判断。然后持球人员可以根据情况选择自己进攻得分或传球制造得分。

如图 4-2-21 所示，⑨和⑩快速推进中，吸引❹上前防守⑨，⑨立即把球传给向篮下切入的⑩投篮。又如图 4-2-22 所示，⑩利用运球向篮下突破吸引❹上前堵截，并迅速把球传给另一侧切入的⑨投篮。

②三攻二的配合方法。当进攻方快速推进到前场形成三打二时，左右两侧的进攻运动员要向两侧逐渐拉开并快速向前移动，中路的运动员位置稍后，保持速度，形成三角形队形，增加进攻范围。在进攻选择时，要根据防守运动员的位置和阵型来决定是否进行中路突破或边路突破，并根据突破中防守运动员的变化决定直接得分或传球。

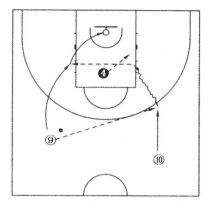

图 4-2-21　二攻一配合　　　　图 4-2-22　二攻一配合

（二）防守快攻战术

1.防守快攻战术的概念

防守快攻战术指的是在攻防转换之后的短时间内，防守方迅速组织防守阵型，并能够将进攻方的快攻及时破坏的一种防守战术。在防守快攻时各运动员要从失去篮板球的第一时间开始快速后撤回防，首先要堵截对方的一传，封堵接球的运动员，在快速回防的过程中也要干扰进攻运动员的节奏，试图让进攻方的速度减缓，让运动员快速形成防守阵型。现代篮球比赛速度不断加快，强化攻守转化意识，努力提高防守技术、战术质量，并且深入研究防守快攻战术的方法显得越来越重要。

2.防守快攻战术要求

①整个球队要有明确的分工，在投篮不中后既要有人全力争篮板球，同时还需要有人快速回防退守。

②对一传和一接应要进行积极的堵截，抢占对方的习惯接球位置，并对进攻运动员形成干扰，迫使进攻方减缓快攻速度。

③防守快攻的运动员要有积极的拼抢意识，在快速回防的情况下对快攻阵型仔细观察。在以少防多的情况下快速出击，抢夺进攻方的球权。

④在投篮不中快速回防时，己方的防守阵型要根据对方的快攻阵型进行变换，在投篮不中时要迅速采用前场紧逼防守，退回后场后则变换成人盯人防守。

3.防守快攻战术的方法

（1）提高投篮命中率，拼抢前场篮板球

在现代篮球比赛中，攻防转换节奏极快。根据数据显示，防守方抢到防守篮板后发动的快攻次数是最多的。所以，提高进攻运动员的投篮命中率以及拼抢进攻篮板的能力是阻止对方快攻的有效方式。

（2）积极封堵第一传和接应

在由攻转守的环节中快速堵截一传和接应能够有效地阻止快攻。封堵一传和接应可以延缓对方的快攻时间，为本队的防守落位争取时间。通常在对方已经取得防守篮板球、发界外球时采用贴身堵截和夹击的方法非常有效果。

（3）防守快下运动员

当场上发生攻防转换时，防守方球队运动员要及时对中场空间展开封堵，防止进攻运动员直接突破到篮下得分，积极运用快速退守，并追截沿边线的快下运动员。

（4）提高以少防多的能力

培养运动员一防二、二防三的能力，重点培养其篮下防守能力，为其他运动员防守落位争取时间。

当发生一防二的情况时，防守运动员要迅速观察快攻运动员的位置以及移动路线，抢占有利的防守位置，边退防边进行干扰，迫使运球能力较低的运动员持球，延缓快攻时间。

防守快攻战术的二防三配合有以下几种方法。

①两人平行站位防守，这种防守队形适用于对付两侧边线突破能力较强的运动员，但中路防守较弱。如图4-2-23所示，❺防守⑤运球突破，❹兼顾⑥和⑧的行动，随球的转移，积极防守有球运动员。

②两人重叠站位防守。这种防守队形可有效地阻止对方中路突破，但移动补防距离较长。如图4-2-24所示，当⑥中路运球推进，⑦和⑧沿边线快下时，❹上前堵截中路，❺在后兼顾⑦和⑧的行动。当⑥将球传给⑦时，❺则立即前去防⑦，❹后撤控制好篮下并兼顾⑧和⑥。

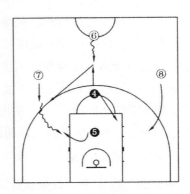

图 4-2-23　两人平行站位防守　　图 4-2-24　两人重叠站位防守

三、人盯人防守

人盯人防守是指每名运动员负责盯住一名对手并与队友互相协作，进行集体防守的全队防守战术，以控制进攻行动、争夺球权和阻止对方投篮为目的，为守转攻创造条件的战术。人盯人防守的优点是能充体现人、场地和球三位一体关系，并能够直接进行球权争夺。该战术中运动员身体对抗较为规律、战术灵活机动、运动员职责明确，有很强的针对性和策略性。

（一）人盯人防守观念的发展

1. 争夺球权

随着现代篮球的发展，比赛中的防守观念已经转变为了与进攻球队争夺球权。这使得防守的本质与目的发生了巨大的变化，让防守变得不再消极，而是充满进攻性、积极性与破坏性，这一观念也改变了防守战术与防守运动员的技术。

2. 以球为主

防守运动员要以球的位置和得分的危险程度作为判断的基础，来确定自身的防守位置、防守选择以及防守路线。防守运动员在防守时的位置要能够达到人球兼顾、防止进攻运动员突破到篮下、防人为主等要求。只有这样才能够使球队的整体防守形成完整的体系。

3. 协作

在比赛中要使进攻防守有压迫性则需要球队的整体配合。而由于现代篮球的发展使得进攻的手段在不断增加与变化，需要球队运动员之间相互协同防守才能够及时弥补防守漏洞。因此，协作是现代防守的重要观念，全队能够进行灵活多变、默契配合的协作是防守的关键。

4. 从失球开始

进攻的多样化和繁复使得防守不能够松懈，连续的突破、快攻、投篮使得防守方往往无法形成防守阵型，所以防守运动员要从失去球权的瞬间便开始由攻转守。

（二）半场人盯人防守的基本方法

1. 防有球运动员

防有球运动员的基本方法如下。

①对持球人展开防守时，要正对持球人、降低重心、保持宽步幅、平步防守，防守距离通常在一臂左右，双臂要张开，一臂侧举防止持球人突破、传球或投篮。

②当持球人开始运球移动时，防守运动员要尽量将持球人逼向边线，若持球人停球，需要迅速上前贴近、高举双臂，干扰持球人传球。

③当持球人开始起动突破时，防守人要用脚步移动保持在持球人的身前，同时邻近的队友要迅速协防，使用"关门""抢先防守"等方式阻止持球人的突破。

2. 防无球运动员

防无球运动员的基本方法如下。

①将注意力主要放在对位的进攻运动员身上，时刻观察其动向和移动路线，一旦对方内切进入篮下，要立刻转腰换臂进行贴身移动。

②防守运动员要控制住罚球线附近的区域，时刻准备好协防突破和篮下接球。

③防掩护时，要用挤过、换防、穿过或绕过等配合方法。

④防策应时，要用防切入、换防、穿过等配合方法。

3. 防策应运动员

防策应运动员的基本方法如下。

①防守时，运动员必须对外围进行协防，不要离开自己的对手去做补防。

②在防守中锋时，向有球方向做完全绕前防守或侧绕前防守。

4. 底线运动员的协防

对手由底线突破时，在限制区防守的运动员要穿过限制区的封堵，防止从底线突破的运动员，同时防止后卫后撤，保护篮下。运动员始终要随着球的位置调整自己的防守位置。面对面防守时，要做到人球兼顾，随时抢堵由弱侧切入运动员的移动路线。

（三）全场紧逼人盯人防守的基本方法

1. 防发界外球运动员

防发界外球运动员的基本方法如下。

①扰乱对手的边线罚球，破坏发球入场。

②放弃对发球人的防守，迅速撤回与队友一起夹击接球人。

2. 防接发球运动员

防接发球运动员的基本方法如下。

展开贴身防守，抢断发进场的球或延误发球入场的时间。

3. 防持球运动员

防持球运动员的基本方法如下。

迫使持球运动员沿边线运球，或迫使他用弱手运球（大多数运动员左手运球技能较弱于右手）。

4. 防运球运动员

防运球运动员的基本方法如下。

①对持球人进行紧逼，迫使他无法抬头，不让他找到合适的传球路线。

②当持球人运球到半场时，防守运动员不能让其快速突破到中场，迫使他做 45° 斜线运球，消耗对方后场控制球的时间。

③对持球人进行干扰和限制，直到邻近的队友迎前夹击或迎前堵抢，然后进入轮转换位，寻找被漏防的进攻运动员。

5. 防近球运动员

防近球运动员的基本方法如下。

①防止对手接球。

②当与持球人距离较远时，应向球的方向进行回缩，但仍要盯住对手，并随时阻止他接球。

③持球人向某防守者移动至适当距离时，该防守者应迅速上前迎堵，形成夹击、堵抢、堵停后回原位，防守自己的对手。

6. 防远球运动员

①与上"5"中"①"的要求相同。

②与上"5"中"②"的要求相同。

③当运球运动员向某防守者的方向运球时，该防守者应做好夹击或堵抢的准备。

7. 对手停球

对手被迫停球时，防持球的运动员须对持球运动员做紧贴防守，并高举双手封球。其余运动员，近球者错位防守，远球者侧前防守或身前防守。

8. 全队防守要有声势，防守有重点

尽量迫使对方控制球能力差的运动员持球，尽量延缓对方的推进速度和时间，破坏对方的战术配合和进攻的节奏，充分运用移动技巧。一旦夺得球，快速反击。

四、区域联防与进攻区域联防

（一）区域联防

区域联防是由进攻转为防守时，防守运动员迅速退回自己的半场，每个运动员负责防守一个区域，只防守进入该区域的球或进攻运动员，并与队友协同防守，用一定的队形把每个防守区域有机联系起来的防守战术。区域联防在明确防守运动员分工的基础上，使防守运动员根据球的转移和进攻运动员的移动路线不断调整自己的防守位置，对于篮下和强侧的防守有很好的效果。

1. 区域联防的基本要求

①每个防守运动员都需要认真控制好自己负责的区域，对本区域内的进攻运动员进行干扰，并且进行联合防守。

②要时刻注意球的位置和移动，防守运动员要跟随球的移动进行位置调整，同时做到人球兼顾，不能轻易让持球人突破或传球进入内线区域。

③对罚球线区域或穿过罚球线区域的进攻运动员要认真盯防，时刻准备以切断其接球路线，阻止其传球、接球、投篮。

④各个防守运动员之间要有联系，准备好随时进行换防、换区、协防等防守战术。在距离球远处的后场防守运动员要能够指挥防守。

2. 区域联防的队形与特点

区域联防的站位队形是多种多样的，常用的有"2-1-2""3-2""2-3""1-3-1"等，如图4-2-25、图4-2-26、图4-2-27、图4-2-28所示。图中黑线区为联防的薄弱区域。

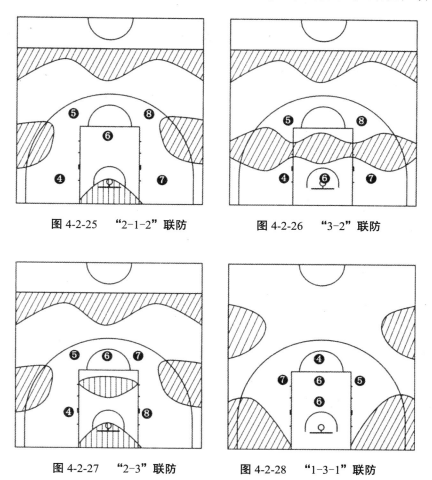

图 4-2-25　"2-1-2"联防　　　图 4-2-26　"3-2"联防

图 4-2-27　"2-3"联防　　　图 4-2-28　"1-3-1"联防

因为区域联防是将防守运动员进行区域分工，任一种区域联防都会产生薄弱区域。这时进攻方就可以利用进攻落位和进攻路线的移动来抢占这些薄弱区域，在小范围形成以多打少的局面。所以，任何一种单一形式的区域联防都无法达到比赛中的防守要求。正因如此，区域联防战术已经由固定的战术套路发展出了多变的战术形式。在比赛之中，最基础的战术落位便是"2-1-2"和"1-3-1"两种，并以这两种形式为主体，变化成其他形式的联防，其变化的主要方法有以下两种。

第一种是以中锋为轴，轮转换位变化队形。

防守队采用"2-1-2"区域联防时，进攻队用"1-3-1"进攻队形，占据"2-1-2"联防的薄弱地区。当进攻运动员④传球给⑥时，防守运动员❹和❼就可以逆时针方向轮转移动，变成"1-3-1"的联防形式，有效地控制进攻运动

高校篮球运动教学与训练的指导及优化

员④和⑦的接球和移动（图 4-2-29）。

防守队采用"1-3-1"联防时，进攻队采用"2-1-2"进攻队形，占据防守的薄弱地区，这时防守队就可以根据球转移方向做顺时针或逆时针方向的轮转移动，变成"2-1-2"联防形式（图 4-2-30）。

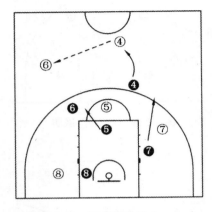

图 4-2-29　以中锋为轴（一）

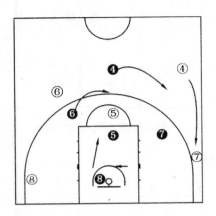

图 4-2-30　以中锋为轴（二）

第二种是防守运动员上下移动变化队形。

防守队采用"2-3"区域联防时，进攻队采用"3-2"进攻队形占据防守的薄弱地区，防守运动员❽或❼就可以向上移动，控制进攻运动员⑧或⑦的行动，变成"3-2"形式的联防（图 4-2-31）。

防守运动员采用"1-3-1"区域联防，进攻队采用"1-2-2"进攻队形，当球向两侧转移时，防守运动员❺可以向下移动，控制进攻运动员⑤或⑧的行动，变成"1-2-2"形式的联防（图 4-2-32）。

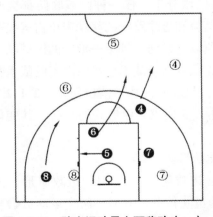

图 4-2-31　防守运动员上下移动（一）

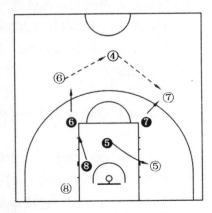

图 4-2-32　防守运动员上下移动（二）

140

3. 区域联防的方法

（1）防守运动员的移动和选位

在进行区域联防时，所有的防守运动员要根据球的转移路线、进攻运动员的移动路线进行协同调整，抢占防守有利位置。移动选位的方法以"2-1-2"区域联防为例。

当对方使用了"1-3-1"阵型时，进攻运动员④得球，防守端的两个前锋需要依据对方中锋的位置和外线运动员的位置来决定由谁领防④，如果对方的进攻战术部署主攻右侧，那么则应该由❹去领防④，其他运动员做相应的移动（图4-2-33）。这时，防守运动员❼要及时上前控制进攻运动员⑦的接球空间，防守运动员❺要提防对方进攻人员的中路插入和进攻运动员⑤进行斜插篮下接球，防守运动员❽要注意其他进攻运动员的背插和溜底。

如果进攻运动员⑥向底角斜插，防守运动员❻可以在对方越区后，快速去防守进攻运动员④。当对方传球给⑦时，可以使防守运动员❹解脱出来，随球移动去防守⑦。进攻运动员⑥斜插可由防守运动员❼接替防守（图4-2-34）。

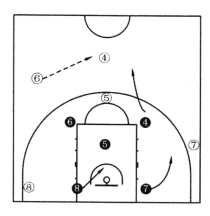

图4-2-33 防守转换（一）

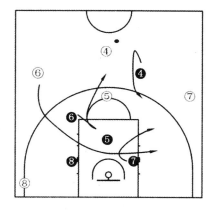

图4-2-34 防守转换（二）

（2）对有球区域的防守方法

区域联防时，对持球运动员一般是采用人盯人的防守方法。

①当持球人在外线时，需要用两名或两名以上的运动员去外线进行防守，即一名防守运动员去防守持球人，近区域的防守运动员要通过站位给予持球人压力，使得其无法轻易突破或投篮。

②当球到内线时，需要用2～3个人的力量去封阻包夹。

③当球到底角时，可以组织夹击。

（3）对无球区域的防守方法

①当防守运动员在自己的防守区域防守无球运动员时，需要注意球的路线，不能死守在自己的区域不动，要随时准备阻挡对方内切篮下的无球人员。

②近球区的防守人要注意对有球区域的进攻运动员进行协防，或者帮助内线运动员对中锋进行协防。

③远球区的防守人要随时准备向有球区域移动，注意篮下禁区和抢占篮下位置。

④当进攻运动员进行背插、溜底并构成威胁时，距离近的防守人需要跨区防守，直到对应区域的防守人落位或进攻运动员的威胁消失为止。

（二）进攻区域联防

无论防守方采用哪种区域联防，快攻永远是最有效的进攻方式。但在篮球比赛中，没有任何一支球队会让对手一直利用快攻得分，因此比赛时球队就需要利用进攻联防来突破防守。

在进攻联防时，要针对联防战术是每人防守一定区域的特点，集中优势兵力，在局部地区形成人数上的优势，并进行穿插、迂回、声东击西，调动和打乱对方的联防阵形，创造投篮的机会。

1.进攻区域联防的形式

进攻区域联防的战术队形常用的有以下几种："1-3-1"（如图 4-2-35 所示）、"1-2-2"（如图 4-2-36 所示）、"2-2-1"（如图 4-2-37 所示）、"2-3"（如图 4-2-38 所示）。

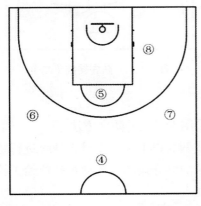
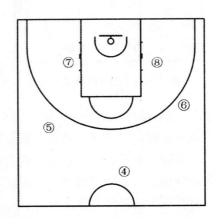

图 4-2-35　"1-3-1"进攻区域联防　　图 4-2-36　"1-2-2"进攻区域联防

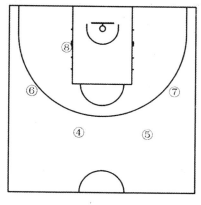

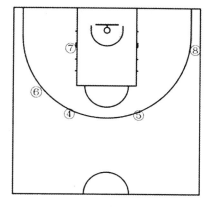

图 4-2-37 "2-2-1"进攻区域联防　　图 4-2-38 "2-3"进攻区域联防

2. 进攻区域联防的基本要求

①当发生攻防转换时，进攻方应该根据比赛中的实际情况第一时间发起快攻，扰乱对方的防守阵型。

②当防守一方已经完整防守落位，形成区域联防阵型时，进攻方需要针对防守阵型运用插空站位的阵型发起进攻。

③在进行进攻区域联防的组织进攻时，进攻方运动员要耐心的进行快速传导球和不断的无球移动来寻找进攻机会。

④使用进攻区域联防时要使用中远距离的投篮，迫使防守方的防守面积扩大，拉开进攻空间以便于持球人员突破或无球人员切入；持球人员要在联防薄弱的区域组织进攻，形成以多打少的局面；内线运动员要时刻准备在篮下争抢进攻篮板球，争取二次得分或二次进攻的机会；其他无球运动员需要时刻准备退守。

3. 进攻区域联防的方法

进攻"2-1-2"联防的方法如下。

（1）站位

进攻运动员站位时，要避免与防守者形成一对一的局面，应当既要照顾到队友间的联系，以利于组织进攻，又要考虑到针对"2-1-2"联防而采用"1-3-1"进攻队形的站位。

（2）配合方法

①利用快速传球创造中远距离投篮的机会。如图 4-2-39 所示，④⑤⑥⑧之间互相快速传球，调动❹❺❽来回滑动，迫使对方三防四，形成进攻者有一

人处于暂时无人防守的局面。这时，进攻方要抓住时机，果断而大胆地进行中远距离投篮。也可以像图 4-2-40 那样，由④⑤互相快速传球，假攻左侧，当把❹❺吸引上来时，⑤④立即把球转移给⑥进行中投。❽❼抢篮板球，④⑥准备防守。

②利用穿插创造篮下或中远距离投篮的机会。如图 4-2-41 所示，⑥传球给⑦以后，突然向篮下空切。这时如果❼上前防守⑦，则⑦立即传球给切进中的⑥投篮；如果❽回撤堵截⑥，不让⑥接球，则❽乘机插向限制区左侧的腰上接⑦的传球投篮。

③利用突破分球创造投篮的机会。如图 4-2-42 所示，⑦接⑥的传球以后，也可以从底线突破，如果❽补防，⑧应迅速横插到中间，这时⑦可用低手传球或反弹传球传给⑧投篮，⑦也可以传给⑤，⑤趁防守者尚未滑过来时从容投篮。

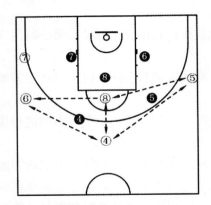

图 4-2-39　快速传球

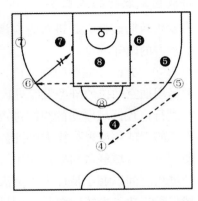

图 4-2-40　快速传球

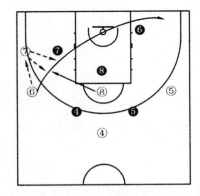

图 4-2-41　穿插空切

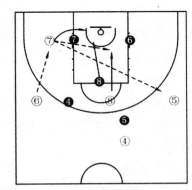

图 4-2-42　突破分球

第五章 高校篮球教学优化指导

篮球运动在近些年发生了翻天覆地的变化，高校对于篮球运动的教学和指导也应该顺应篮球的发展。本章将从高校篮球教学优化的理论基础、高校篮球教学优化的内容安排以及高校篮球教学优化教学操作手段三个方面进行研究。

第一节 高校篮球教学优化的理论基础

一、教学过程最优化理论概述

（一）教学过程最优化理论产生的时代背景

巴班斯基是苏联著名的教育学家，在其独特的思想基础和社会背景下，他提出了教学过程最优化的理论。

首先，世界教育改革使各个国家拥有了大量的拔尖人才，但由于文化知识教学任务繁重，大多数学校都出现了负面影响。苏联在 20 世纪 60 年代末也有过这样的问题，因此，1976 年，苏共第二十五次全国代表大会要求教育部门进一步认真完善通识教育制度，对教育的多角度、综合性发展尤为重视，使学生在学习知识的同时，也在科学和政治智慧的洪流中确定方向。在此之前，苏联进行了许多教育实验，此后的教育改革实验更是轰轰烈烈。然而，许多实验也给教学实践带来了一些问题。因此，在各种教学形式和方法中如何选择出最适合的一种以及对于新的教学方法应当怎样运用的问题，已经成为学校工作者和相关学者共同面临的重要研究内容。巴班斯基认为，教育科学应当就如何选择最合适的教学方法和形式为教师提供相应的理论依据。由此看来，优化教学已经成为一个急需解决的问题。

其次，在教学管理方面，我们可以借鉴优化管理的基本理论，主要是指"科学的劳动组织"原则。巴班斯基对苏联教育科学的实验结果和理论潜力尤为重视。从各位学者对中学、小学等教育机构的实验研究以及相关经验中我们可以看出，社会各方面的发展都对教师的技能与水平起到了一定的促进作用，同时教材基础、校外教育机构、大众化信息手段以及家庭文化等都得到了改善与发展。在巴班斯基看来，这些方面都有利于优化教学理念。

最后，教学优化理论是在自身的教学改革实验的基础上形成的。巴班斯基全面的研究了各种教学理念，使他的教学优化理论逐渐走向成熟。同时，巴班斯基还将马克思的人的劳动活动理论、大众系统理论和控制论作为构建教学优化理论的基础，使最优化理论达到了更为深刻的理论高度。

（二）教学过程最优化理论的本质

1. 教学过程最优化的内涵

巴班斯基的教育核心就是优化教学过程。他认为优化教学过程最基本的定义："在全面考虑现代教学的基础上，从既定标准的角度出发，使教学过程发挥最有效（即最优）作用的组织控制。"为了使优化教学过程这一概念更加清晰明确，巴班斯基从多角度出发对这一概念进行了探讨。

"教学优化不仅需要教师劳动的科学组织，更需要学生学习活动的科学组织"，因此，把优化仅仅看作教师的工作是片面的。在谈到最优化时，必须强调的是，这里提到的最大效应是根据某一学校或班级的具体情况得出的，适用范围仅是这一具体的学校或班级，而不是普遍的。由此看来，优化是对特定条件的优化。在巴班斯基看来，这是在具体性理论的基础上建立起来的。同一种方法在某一特定条件下是最佳的，但在其他的条件下，它又可能不是最佳的。他认为，优化教学不是一种新形成的、具体的教学方法和形式，是一种带有目的性的、科学的控制行为，也是教师在工作过程中遵循的一种特殊原则。如果想要真正优化教学过程，人们就需要从多角度、多方面去考虑各种问题与影响因素，科学合理地组织出最佳的教学计划。

在这种情况下，提高教学效率，也是提高教学效果的最佳原则。事实上，这也为教学优化提供了明确的标准。这要求人们花费最少的精力和时间，也就是以最高的效率来完成相应的任务，进而达到最佳的教育效果。巴班斯基认为："教学优化的过程若是没有原则或我们不清楚最优的原则，就不能谈论最优值，也不能判断它是不是最优的。"

巴班斯基在探究最佳优化教学活动的本质的过程中，受到了马克思关于劳动活动的论述的影响。他认为，人们的劳动过程是在一定目标的驱使下进行的，这样的目标是促使人们进行劳动的动力，同时也有目的意志从中表现出来，这与人们的目标是一致的，能够使劳动活动更有效的达到相应的目的。巴班斯基认为，学校的教学过程同样受到社会因素、心理因素和控制因素的影响。其中，教育的内容和目的是社会因素；教师和学生的情感、意志和动机等是心理因素；控制因素主要是指教学过程中的组织、计划的调整、方法的选择以及学生自身的控制能力。教学过程的最佳优化也就是指社会因素、心理因素和控制因素三者之间形成的、最佳的结合与统一，人们据此制订出效率最优的教学计划，并在实践中牢固、灵活地实施，进而实现教育目的，达到最优的教学效果。

2. 教学过程最优化的实质

教学优化离不开教师的教学活动和学生学习活动。这样的教学组织活动就是要综合考虑教学规律、现代教学模式和教学方法、教学内外部的具体情况，使教学过程以教育目的为出发点，最佳的结果便是实现这一教学过程所想要达到的目的。所以，使教师的教学和学生的学习科学合理的目的就在于使教育达到最佳的效果。因此，教学过程中的"优化效果"实际上是按照一定的组织原则达到最佳的效果。将"高效低耗"延伸到学校的教学中，就是要提高教学的质量和效率，减少能耗和花费时间。

（三）教学过程最优化理论的理论基础

1. 教学最优化理论的科学方法论前提

巴班斯基提出一般工作过程理论和系统分析理论后，认为通识教育的工作过程是建立在教学过程优化理论基础上的。

巴班斯基认为，制定出教学最优化的理论，最基本的就是要对教育过程中所有的教学方法进行全面研究。教师在教学过程中使用系统的方法才能对教学内容、教学方法、教学形式以及实现教学过程的条件等内容进行综合的考虑。优化思想的相关研究在劳动组织理论和社会过程科学管理理论的推动下不断深入发展。

具体条件在真理具体性的辩证论证中尤为重要。巴班斯基将此借鉴到教学优化之中，他认为："一种教学方法、教学手段或教学形式不可能适用于任何条件，最优的教学过程与方案的选择必须全面而充分地考虑到教学过程中的每一个因素。"

巴班斯基认为教学优化与理想的解决方案不同，但当我们找到最佳解时，我们正逐渐接近最佳函数的过程。我们可以对教学过程的每个阶段都提出更高的标准来进行优化，选择最佳的教学形式、方法、手段及其组合。

若要选择最佳方案，教师的能力应达到一定的要求，教师要有创造性的思维，只有这样，才能使教师充分考虑各方面因素而选择出一个最佳的教学方案。在巴班斯基看来，"做决定"不仅仅是理性的行为，还伴随着深刻的心理感受，因为往往会有几次动机性的挣扎，如不经过特别考虑就匆忙做出决定，是否只是为了节省时间，还是应当使用更多的时间进行深入分析来选择一个最佳的方案？

教师在进行决定时，内心常常是紧张的。教师受他人影响的脆弱程度越大，紧张感就越强。即便是已经做出了教育决定，他们也是充满忧虑和疑惑的。在巴班斯基看来，最佳决定的产生与人们的意志具有紧密的关系。也就是说，优化教学需要教师具有一定的意志力。

2. 教学过程最优化的准则

"最优化"一词的意思：以某种标准来看，它是最好的。因此，在对教育措施或教学体系进行评价时需要建立一个明确的优化标准来判定其是否为最佳。巴班斯基提出的优化准则主要有以下四个方面。

第一，在一定条件下，要在知识、技能以及人格特性的形成上，在学生教育水平上获得最好的效果。巴班斯基认为，在当前的条件下，只要进行优化教学，每一个学生在这一时期都可能会达到最高的水平，这一时期的教育也会得到迅速的发展。

第二，为了实现优化目的，教师和学生应当在时间上做出最少的花费。巴班斯基认为，为了让教师和学生取得最好的成绩，而不再承受过重的负担，特别有必要明确限制完成作业的时间。教师也应该在家庭作业上花费最少的时间（包括上课和备课）。

第三，为了实现优化目的，教师和学生应当在精力上做出最少的消耗。在教学安排上，如果安排的过于紧凑，学生可能没有办法完全掌握接下来的课程中的内容。巴班斯基认为，教师和学生在精力上消耗的合理性可以衡量教学的优化成果。

第四，在一定的时间内取得最大的效果，其成本是最小的。同时，在相同的条件和效果下，哪种方案能最大限度地节约教学经费，可以说这一方案就是最佳的方案。

巴班斯基又对衡量教学优化程度的两个标准进行了阐述。一是教学内容和相关活动能够保障教育教学、教师和学生发展任务高效完成，使每个学生的学习水平达到最佳；二是在不超过学校规定的作业时间标准和劳动卫生的前提下，实现预定的优化目标。

从标准上看，优化教学的原则在于，在一定的条件下，教学效果达到最佳。那么，我们能得出这样的结论：这些结果不仅比过去好，而且在当下对学生的各个方面都能够得到最有效地提高。在巴班斯基看来，最优结果的结论是基于教师对学生可能性的研究，即帮助学生在近期发展的范围内将其教育水平提高到尽可能高的水平。学生如果达到了预期的目标，所表现出来的结果也就是当时的优化结果。但是在实施教学优化之前如果没有对结果进行预测，我们就没有办法去衡量结果是否是达到标准的。

（四）教学过程最优化理论的特点

1. 创造性

教学过程最优化理论的创造性表现在以下三个方面。

①教学过程优化理论突破了以往的教学理论，扩大了教学理论的范围，将许多新概念引入其中。

②教学过程优化理论形成了一套新的原则和方法体系，并突破了以往的方法论和研究方法，在方法论上，采用了唯物辩证法，同时采用了科学系统的研究方法，这些方法上的突破是教学过程优化的关键，是教学过程优化理论形成的基础。

③教学过程优化理论要求教师在选择最优理论时，要根据教师和学生的具体情况以及所处教学环境和条件进行选择。

2. 科学性

教学过程最优化理论的科学性表现在以下三个方面。

①教学过程优化理论具有坚实的科学理论基础。

②教学过程优化理论是人类实践过程中存在的一个普遍现象，人们在一定条件的制约下，总是希望自己在各个方面能够更好。

③教学过程优化理论注重对教书育人规律的探索与启示。

3. 完整性

教学过程最优化理论完整性表现在以下三个方面。

①教育思想体系。

②它强调教学过程与教育过程统一，强调教学过程中的教育功能、教育功能和发展功能应相互统一。

③它强调教师教学过程与学生学习过程的统一。

4. 实用性

教学过程最优化理论实用性表现在以下三个方面。

①教学过程的最优化理论符合"实践认识—实践再认识"的认识规律，是总结先进的教学经验的结果，是经过教育实验和学校教学实践考验的成功理论，具有较强的实用性。

②教学过程优化理论中的优化标准有利于教师对教学方法、教学形式、教学内容等多方面的教育教学效果和结果进行判断与评价，有利于更好的完善教学系统。

③教学过程优化理论为实施优化教学提供了一条优化路径，将理论运用到实践之中，提高了理论的实用性，也能够对由成绩差引起的不利因素进行有效控制。

二、高校篮球运动教学最优化的意义

（一）教学最优化遵循因材施教的原则

在每个学校或班级中，每位学生的成绩和能力都是有所差异的，对于这一问题，巴班斯基认为，教学应遵循的基本原则应体现在教师的教学方式上，而不仅仅是体现在教育内容上。学生的水平和能力不同，需要的帮助情况也应当是有差异的。教师为学生提供的帮助应该是根据学生的具体情况制定的，而不是固定不变的。学生的能力与所需教师的帮助往往是成反比关系的，也就是说，学生的能力越高，需要的帮助越少。在差异化教学模式下，如果学生不能适应教师的帮助，可以暂时减小作业的难度。要提升学生的自主学习能力也必须要求教师减少对学生的帮助程度。由此可以看出，"因材施教"是优化教学方法的重要原则，也是教学过程中最好的教学方法。每位学生的能力水平、学习态度等都具有一定的差异性，对于教学信息的接受能力和程度也不同。因此，教育教学应当在遵循教学大纲的前提下，教师根据不同层次学生的实际情况，在学习要求、教学手段、教学方法等方面制定出具有针对性的措施，这样有利于每位学生的能力得到充分的发挥，进一步培养优秀学生，帮助后进生，教师应该尽最大努力发挥每个人的潜能，从而尽可能地提高教学效率。

在篮球教学过程中，可以根据学生的能力和水平分为若干个小组，在教学上还是选用相同的篮球教学大纲，这样有利于学生的全面发展以及提高教学质量。要将因材施教的原则融入篮球教学过程中。将篮球课分成两部分进行：首先是集体教学，对全体学生进行统一的篮球知识和技能的讲授，起到引导的作用；其次是分类指导，根据学生对所授知识和技能的掌握情况，分别对不同层次的学生制定相应的目标，并进行针对性指导。这样的教学形式能够使每个层次的学生的能力都得到有效提升。

（二）教学最优化仍在集体教学的基础上进行

巴班斯基积极肯定了集体教学组织形式。他说，如果在教师的影响下，按照学生的数量来划分整个班级、小组和个人的教学形式，集体教学能够充分体现出学生间的互动。集体组织下的分组活动或整体活动，使学生之间能够相互学习、团结合作。因此，集体组织教学形式有利于学生集体主义精神的形成。

小组活动虽然是篮球教学优化的主要教学形式，但集体教学仍然是篮球知识与技能传授过程中不可或缺的形式。篮球教学应当建立在集体教学的基础上，主要内容为小组间的学习与合作，教学目标的设定应具有针对性，要努力实现个性与集体的统一。

（三）教学最优化尊重并利用学生个体间的差异开展个别化教育

在教学方法上，篮球教学的优化应当尊重学生的差异性，挖掘每位学生的潜能，使用最优化的教育方式促进学生自身发展。教学方法的制定及选取应当根据每位学生的具体差异来进行。与以往的教学形式相比，优化的篮球教学方法更加注重学生的差异，并将这种差异当作教育资源的一种。对学生间差异的尊重，是认识学生发展差异和独特性的体现。教师在教学过程中应当充分激发学生的潜能，使学生形成自己独特的篮球风格。有效的教育途径有利于学生保持个性与激发潜能。

（四）教学最优化可以激发学生的学习兴趣、促进个性发展

将优化教学方法应用于篮球技术教学中。在教学过程中，篮球教学优化方法更加注重教师与学生以及学生之间的平等，尊重个体间的差异性，鼓励每位学生积极参与篮球运动。在评价方法上，加入了定性的评价方法，并与定量评价相结合，有效避免了定量评价的片面性。这些措施都能够激发学生的学习潜能，促进学生的发展。具体表现在以下三个方面。

1. 教学关系——平等合作

在篮球教学过程中，教师的权威性有所削弱，更加注重教师与学生之间平等的交流与指导，学生与学生之间的平等合作，强调二者之间的共同作用。这

样的教学形式建立在民生的基础上，有利于教师理解与尊重学生。

2. 教学过程——生动活泼

每个学生都有自身独特的个性与思想，所以在篮球教学过程中，要充分体现学生的主体地位，教学方法与形式的确定都应以学生是课堂的主体为前提，调动学生的积极性及运动潜能。教师应充分发挥其主导作用，引导学生积极参与篮球运动，在教师的引导下，学生的身体和大脑也应一同参与到运动中。

3. 教学环境——自由和谐愉悦

教学环境主要表现在两个方面，一方面是指物质环境，如教学开展场地环境、教学设备、设施等；另一方面是指教师与学生之间的人文环境，如课堂氛围等。各种环境氛围的营造目的都是使学生产生自由、愉悦的情感，并努力做到在不经意间达到教育目的。

篮球教学方法的优化有利于激发学生的运动兴趣，提高学生的创造性，使学生主动参与到篮球运动之中，进而提高教学效果。在篮球教学过程中，对于学生的鼓励能够为学生提供一个轻松愉快的课堂氛围，有利于调动学生解决问题的积极性。

第二节　高校篮球教学优化的内容安排

一、高校篮球运动教学方法最优化的原则和途径

（一）教学方法最优化的原则

1. 符合高校篮球教学的目的和任务

教学目标、教学任务以及教育的要求因学校类型的不同而有所差异。更好地完成教学任务、实现教学目标、提高学生的身体素质及运动能力是教育的基本目的，不同的教学任务应当对应不同的教学方法，这就要求教师充分衡量和了解各种教学方法的作用效果，能够针对不同的教学任务筛选出最优的教学方法。

2. 符合高校篮球教学内容的特点

在篮球教学过程中，如果想要更好地完成教学任务，在教学内容的制定上就要科学合理。这就要求教师充分了解每一部分教学内容的特点，进而选取与教学内容特点相匹配的教学方法。例如，对于新技能的传授，教师可以使用讲

解法、示范法和练习法；对于所学技能的复习，教师可以使用想象法，并对学生进行及时的指导；对于学生错误动作的纠正，教师则可以使用制约法和比较法等。

3. 符合学生学习的可能性

教师选择合理的教学方法的前提在于学生的学习可能性。教师在授课前应充分了解学生的基本情况、身体素质、知识水平等内容，上课过程中也应关注学生的个体差异、学习态度等，并在课后及时对学生的个性特征、班级特点等进行总结，然后依据学生学习的可能性选择科学合理的教学方法。

4. 符合学校的物质条件

场地、器材是篮球教学顺利开展的必要条件，也是教学方法选择的重要前提。教学方法的选择应当符合学校的基础设施条件，合理利用场地、器材资源。

（二）教学方法最优化的途径

1. 调整已有教学方法

每位教师都在教学实践过程中总结并掌握了一些有效的教学方法，对于不同类型的问题他们都有自己独特的解决方案。学生的实际情况以及各种因素是不断变化的，教师应当对教学中的经验进行总结，并依据相关内容的实际情况对教学方法进行及时调整，使篮球教学活动发挥其应有的作用。

2. 注重多种方法的结合

在篮球教学活动中，仅仅用一种方法解决一节课或一个问题，很难完成教学任务。它需要多种方法，一种方法可以是主要方法，其他方法可以补充。例如，在篮球教学中使用实践法的同时，还可以运用示范法和讲解法来进行辅助。多种教学方法的组合会存在一定的矛盾，这在一定程度上会对问题的解决效率以及教学效果产生影响。在实际的教学过程中，教师要把各种方法有机地结合起来，这样问题才能够得到有效的解决。

3. 灵活改变已有方法

篮球教学方法的效果会受到多种因素的影响，如性别、年龄、身体素质、场地设施等因素的差异。为了适应各因素的差异与发展，更好地完成教学任务，教师要在遵循教学原则的基础上，根据各因素的具体情况，对原有的教学方法进行及时调整与更新。

4. 对教学方法进行了解、创新和选择

随着时代的发展与社会的进步，社会环境、教学理念、教学条件以及体育相关知识等都在不断完善与发展，教师的教学方法也应更新与发展来顺应时代的进步以及教育发展的需要。激发学生的积极性，培养学生自主学习的能力以及学生的个性是更新教学方法的根本目的。外界环境不断变化促使教学方法不断更新，教师应当具有创新精神，大胆尝试，为篮球教学提供有利的指导。

篮球教学方法种类繁多，在教学过程中，教师只有真正了解各种不同的教学方法，在面对不同教学任务时才能选出科学合理的方法。教师不只是需要了解篮球运动技能这一个方面，还需要理解和掌握篮球基本知识、学生个性化等内容的传授和发展方法。

不同的教学方法都具有其自身的特性与功能，每一种教学方法都是有利有弊的。教师首先应当充分了解每一种篮球教学方法，再根据具体情况进行选择。为了从中选出最好的，每个教师都要建立自己的教学方法库，根据不同的表现将各种篮球教学方法整理成系列，将相似的教学方法整理成一个类别有利于人们从中选取科学的教学方法。教学效果和教学效率两个方面的优化是教学优化理论中教学方法最优选择的基本角度。教学方法的优化并不是绝对的，而是相对的，教师应当在理论指导的基础上，合理地将篮球教学方法进行组合，以便灵活运用。

二、高校篮球运动教学优化的设计安排

教学方法的多样化应当是有限度的，而不是教学方法的随意累积，教学方法多样化能够使学生的注意力集中在教材的本质上。这就使得教师在选择篮球教学方法时应当根据实际情况进行，而不是因为教学方法多样化就一味地追求教学方法的数量。

教学优化理论要求教师对所有的教学方法都必须非常了解。在教学方案的安排上，应从教学效果和效率两个方面入手。在理论研究和教学实践过程中，技战术教学方法不断涌现。这些方法的优化也是教学方法优化内容的一部分。科学合理的篮球教学方法体系是依据教学的内容、要求以及学生的实际情况构建而成的。

（一）教师角色

教师在课堂中处于主导地位，是教学活动的组织者。教师应当把调动学生积极性、培养学生自主学习能力以及实践能力作为教学的首要目的。以往的教

学形式通常缺乏趣味性，教学观念单一，为了达到教学目的，教学形式和观念应当向有趣、灵活、多样的方向发展，在教学方法上教师应当选取激励、探索式的方法。在实际的教学实践中，可以通过问答式、启发式的教学形式使教师与学生产生互动，调动学生参与课堂的积极性。篮球课堂应以学生为主体，教学形式应当向学生主动发现、探究的形式转变。以往的"自动"教学模式也正在向"情景式"和"集体式"的方向转变，两种模式能够对所有学生进行整体把握并弥补"个体性"差异的不足，这样一来可使学生的主体地位与教师的主导地位保持不变。

（二）学生的角色

每位学生的个性都是有所不同的，教师应充分了解每位学生的目标与需求，在篮球教学中，应区别对待不同的学生。篮球教学方法的优化应当建立在尊重学生个体差异的前提下，充分考虑每个学生当前的需要和未来要实现的目标，找到并充分发挥每个学生的潜能和积极因素，选择最有效的教育方式，使具有各种人格倾向的学生获得自身发展。篮球教学方法的优化就是将学生的个体差异看作是教育资源，极力追求教学方法的个性化。

个性化教育需要采用有效的教学方法，学生个性教育与发展的统一在现代教育中是不可忽视的。个性化教育则是实现二者统一的有效方法。个性化教育实质上就是要实现学生个性化的发展。个性化教育应保持学生的差异性和独特性。

（三）教学优化的教学内容主体

技术和技术效果是篮球教学的重要内容之一，教师在教学过程中应注重二者的有机结合，并且应当从封闭性技术向开放性技术过渡。

篮球课程的教学目标往往集中在使学生掌握基本知识、技术和技能上。在篮球教学实践过程中，掌握篮球技术动作的教学思想贯穿于课程的每一个部分。但实际上在篮球课堂上有一定的问题存在，大部分学生能够学会篮球技术动作要领，但在实践过程中却不能合理运用这些已经掌握的技术。这样看来，篮球课堂上的教学明显没有满足学生的实际需求。随着学生身心活动的变化，学生的身心健康得到了提高。这时教学内容的主体逐渐成为教授学生打篮球和学生打篮球两个部分。因此，教师在篮球课程教学上往往采用以下方式：缩小单一技术动作要领的教授与练习比例，向学生传授技术变化与组合内容，组织学生间的竞赛，加强对抗性练习。教师可在篮球课堂及实际的篮球比赛中向学生不断渗透竞赛中技术动作的规范性以及竞赛规则，提高学生篮球技术动作的标

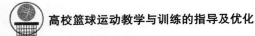

准性以及队员间的协调配合能力，进而提高学生对篮球技战术在实践中的应用能力。

（四）教学优化学习、练习技术的过程

在篮球选项课教学中，教师应优化教学方法，尊重学生的学习差异，根据学生的水平采取教学方法；尊重学生的个别情况和状态，注重学生对事物的理解能力。

教学方法优化理论遵循"因材施教"的原则。任何人的心理状况和个性都是存在区别的。每个学生的智力和能力都具有差异性，对外界事物的理解和接受程度不一致。因此，在教学过程中，教师应根据每位学生的实际情况，把学生分为若干个小组，让他们成为班上的缩影或部分。

练习次数的多少直接影响着学生对篮球技术动作的掌握程度。练习次数的增加在篮球教学的优化中主要体现在两个方面，首先是在调动学生积极性的前提下，使学生在多种情境下进行实践；其次是引入技术组合练习。这两方面都在无形之中增加了学生练习篮球技术动作的次数，进而提高了学生技术动作的掌握程度。

（五）教学优化的教学形式

在教学形式方面，为了提高教学效率以及营造课堂愉快、活跃的氛围，应当采用教师与学生、学生与学生之间的互动形式。

篮球的教学仍然是以教师为主导，由教师控制和领导篮球教学过程，学生获得篮球知识与技能主要是通过师生及学生间的互动和交流。在教学方法上，篮球教学的优化应从教学组织形式上入手，教师的权威性在篮球教学中减弱，人际关系民主化，师生之间形成平等、多方位的交流，班级群体意识的作用相对弱化，更加注重篮球知识和技能的教学过程与学习过程。这是一种以集体教学为基础，将小组活动作为主要内容，促进学生自主、自由学习的一种教学形式。

（六）教学优化的信息反馈

信息反馈是指在教学过程中，师生及时获得双方反馈信息的过程。其作用在于对教学活动进行控制和调节，进而提高教学效率。信息反馈能够使教师和学生正确认识到与自己相关活动的信息，准确判断并得知自身的教学效果及学习情况，同时能够及时对教师教学或学生活动中的偏差与错误进行纠正，进而提高教学效果。优化教学过程中反馈调节的具体步骤如下。

1. 及时获得学生的反馈信息

在教学过程中，学生对教师所讲授内容会做出不同的反应，因此教师可以通过观察来分析学生的面部表情，进而获取学生的反馈。例如，当学生不能理解教师讲解的教学内容时，他们往往会瞪大眼睛，目光集中在教师身上，认真听教师的讲解；当学生觉得教师所讲解的内容过于简单时，他们往往会表现出不耐烦、无聊、左右张望的现象。除此之外，教师可以通过课堂讨论环节来获取学生的反馈。在教学过程中，师生双方应当及时地进行交流，教师在讨论的过程了解学生的想法，并以此为依据，对课程进行及时的调整。

2. 对反馈信息及时评价，并对教学活动作出恰当的调节

教师在获得学生的反馈后，应及时给予相应的评价，有利于对学生的学习活动和教师教学过程进行调整。研究表明，在教学过程中运用信息反馈调节能够显著提高教学效果，同时日反馈的效果要好于周反馈效果。由此看来，教师应当及时获取学生的反馈，并对学生的学习情况做出及时的评价。此外，教师应根据学生的实际情况以及反馈内容，对教学过程及时进行调整，以提高教学质量。

三、高校篮球运动教学优化的内容安排

在篮球教学实践过程中，教学方法的制定原则包括两个方面。

一方面是要遵循因材施教的原则。教师要根据学生的具体情况，将学生分成多个不同层次的小组。教学方法的选取以及教学目标的制定应适应不同层次学生的能力与水平，使每个学生都能够得到发展。同时随着学生能力和水平的提升，规定每个小组内的学生都是可以流动的，这样带有竞争色彩的分组机制给学生带来了一定的成就感和压力。

另一方面是利用学生的差异性来实施因材施教的原则。教师要将学生间的差异性作为教育资源，充分挖掘每个学生的潜能，选取最佳的教育方式，适应学生的个体差异，填补学生的不足，不断追求教学方法的个性化，但不提倡进行一对一教学。

在具体实施中，教学方法的内容安排包括以下几个阶段。

（一）第一阶段

教学任务：使学生熟悉篮球运动的特征，学习并掌握篮球运球技术和投篮技术动作，提高其所学技术在实践中的合理运用能力。

教学内容和方法：在教学过程中，采用讲解法和示范法，主要包括运球练

习、投篮练习以及运球和投篮的组合练习，并逐渐加大练习难度。

教学要求：要求在教学过程中，教师起到主导的作用，积极引导并调动学生的积极性；组合练习内容安排由简单向难逐渐过渡，并要求学生要克服相应的困难，全身心地投入学习中。

（二）第二阶段

教学任务：通过组合式练习，使学生逐步掌握篮球步法、传球、接球技术动作以及步法与传接球、运球、投篮的组合形式，并在实践过程中加以运用，熟悉队友间简单的技战术配合。

教学内容和方法：在教学过程中，教师采用讲解法和示范法；技术动作的练习包括步法和传接球以及各技术动作的组合，并逐渐从简单的技术组合向多种技术间的组合练习过渡，并将所学内容运用到实践中；在篮球比赛中为学生讲解相应的技术，提高学生对于运动技术的实际应用能力。

教学要求：要求由教师组织学生进行练习；练习的难度和形式应逐渐向比赛的形式过渡；开展对抗性的练习。

（三）第三阶段

教学任务：对所学技战术内容进行巩固与提高；分小组进行对抗赛，使学生在比赛中运用并提高技战术水平。

教学内容和方法：组合技术的练习方式逐渐由单人练习向多人配合过渡；讲解简单的战术配合形式，开展半场战术篮球赛及全场比赛。

教学要求：加强学生集体合作的教育；进行完整的技战术讲授，并鼓励学生在比赛中运用技战术，对于比赛中出现的不足与问题进行及时的调整与纠正。

由以上的三个阶段我们可以看出，教学方法的优化主要是向学生传授篮球运动中最主要的技术，通过各种练习方式使学生掌握运用技能。每一个阶段的进行时间不是一成不变的，需要根据学生掌握技术动作的具体情况来决定，一般情况下一个阶段的持续时间为一个月。

篮球教学由师生的教与学共同构成。在一定程度上，教学模式影响着教学的功能与其所达成的效果。教学方法、教师的组织、学生的学习情况等都是影响教学系统功能以及教学质量的重要因素。由此看来，篮球教学方法的优化除了与教学方法的设计有关，还与教学方法的实施过程有关。在教学过程中，教师对各方面因素具有调节与控制的能力，这就决定着教师对教学方法实施的效果具有一定的影响，教师对教学过程中各因素的把控，有利于发现教学过程存在的问题，并能够得到及时且有效的纠正。

第三节 高校篮球教学优化教学操作手段

传统的篮球教学方法是单调的、缺乏趣味性的。同时教师没有注意到学生才是体育课的主体。篮球课堂上，学生缺乏学习的积极性，对于篮球技术也只是进行简单重复性的模仿，学生的信心在学习过程中逐渐减弱，学生对于篮球的相关需求也不能够得到满足。因此，高校教师对此应当做出深刻的反思，在教学方法上积极创新，进而提高教学效果。

一、高校篮球运动教学的问题分析

传统的篮球教学方法难以提高学生的篮球知识和篮球运动技能，即便如今的学生非常热爱篮球运动，但他们对于篮球的需求却在篮球课堂中不能得到充分满足。在传统的篮球教学中，教师只讲解理论，展示动作，学生盲目模仿。而且，部分教师的知识和技术水平较低，不能将篮球相关内容清楚地表达出来，动作表现也因种种原因出现偏差。由于学生接收信息的渠道单一，教师的信息传递不清晰，致使教师只能传授知识，示范动作，学生也只能被动学习，模仿动作。这样一来，学生的学习兴趣以及对篮球的兴趣会逐渐丧失。

另外，传统的篮球教学忽视了学生的主体地位及主观感受，篮球教学大部分是从教师的角度出发，学生只是对技术动作进行机械的模仿练习，这样的教学模式和课堂氛围打消了学生对篮球学习的积极性和兴趣。所以，为了激发学生的学习兴趣，享受篮球运动带来的快乐，在教学过程中教师应当尊重学生的主体地位，在教学方法和手段上勇于创新，进而更好地实现教学目标，提高教学效率。

二、高校篮球运动教学手段的优化

（一）多媒体技术对篮球教学的辅助作用

传统的篮球教学往往是采用教师讲解的方式，但由于教师自身各种因素的影响，如年龄、专业知识和技能水平等，同时人们的语言表达能力具有一定的局限性，这使得教师向学生传授知识受到了限制。多媒体技术在一定程度上能够解决这一问题，它能够更好地将知识传递给学生。多媒体的呈现形式繁多，一些难度较大的技战术动作通过多媒体的呈现，会变得更加生动、清晰，也就是变相的将复杂的知识简单化，学生也由此能够获取更加精准的知识。篮球课

堂教学引入多媒体技术，能够调动学生的学习积极性，进而提高教学效果。

引进多媒体技术是篮球教学中的一大创新。篮球技战术的动作要领往往是通过教师的示范展示给学生，但由于部分篮球技术动作难且复杂，对示范者能力、时间、空间等都具有较高的要求。因此，单纯的通过教师的示范不能将技术动作完美地展现出来，这会对学生的学习产生不利的影响。多媒体技术能够将篮球技术动作特征清晰地呈现出来，对于高难度的技术动作，还能够通过动画的慢放、回放、放大等强化技术动作的演示过程。这样一来，学生能够加强对复杂动作的理解。教师仅需要掌握一定的计算机操作方法，就能够将多媒体技术顺利的应用于篮球教学中。引进这一教学方法，能够加强教师对学生的指导，显现出学生的主体地位，教师也能够将大量的时间运用到教学研究中，并结合自身的教学经验，从整体上提高教学水平。

（二）多媒体技术对篮球教学手段的优化

1. 多媒体课件的科学制作

多媒体课件的制作应建立在篮球教学大纲和教学任务及目的的基础上，合理编排多媒体课件内容，课件内容的制定过程要遵循因材施教的原则，并符合学生认知及身心发展规律。课件的呈现形式，应采用图文与视频相结合的形式。为了扩大学生的知识面，调动学生的积极性，基础知识的介绍应具有一定的普及性。对于复杂技术动作的教学，可以通过"定格"和"慢动作"的方式，逐步展示一些世界优秀运动员复杂的技术动作和科学规范的技术动作，加深学生对于技术动作要领的理解与掌握。

2. 理论课教学活动的优化

篮球理论教学的内容主要包括篮球历史、篮球发展、篮球规则、篮球战术等篮球知识，与技能课相比，篮球理论课更具理论性、模糊性和枯燥性。因此，教师可以将这些文字性的理论知识通过多媒体的形式展现给学生，可配合一些经典的、精彩的视频进行讲解，既能调动学生的积极性，又能帮助学生更多地了解篮球运动，使学生在教学和愉悦的环境中完成篮球知识的学习。除此之外，还可以充分发挥学生的主体作用，让学生主动去搜寻相关资料，以便在课堂上进行讨论和交流。

3. 技能课教学的促进

多媒体课件对于篮球技术的展示主要是技术动作的工作原理和生理基础，这样的教学方式使学生对篮球动作的认识从感性过渡到了理性。复杂的技术动作能够通过视频的方式展现给学生，并可以通过暂停、慢放、放大等形式加深学生对篮球运动的理解。同时配合教师的讲解或虚拟技术，让学生身临其境，激发学生的学习兴趣，提高技能课的教学质量。

4.战术课教学效果的提高

由于语言表达的局限性、战术的复杂性和多样性，篮球的战术教学可借助多媒体技术来完成，教师可以播放一些相关战术的动画或是比赛视频，转变战术课程的枯燥氛围，调动学生的积极性，提高战术课教学质量。

（三）篮球教学方法的创新

1.游戏教学法对篮球教学的促进作用

游戏教学富有趣味性，将游戏引入篮球教学课程中能够提高学生的学习积极性，有利于实现教学目标。篮球比赛教学是以游戏的形式开展的教学活动，区别于传统的教学方法，具有较强娱乐性和趣味性，能够使学生在轻松愉快的课堂环境中提高篮球技战术，同时能够保持学生的积极性，满足学生对于篮球的需求。

学业、就业、生活等都会给大学生的身心带来一定的压力，游戏教学的形式能够使学生的压力在篮球运动中得以释放。篮球课程是最受大学生欢迎的体育课程之一，尤其是对于男性，篮球可以是他们的精神支柱，在篮球比赛中他们的压力和情绪能够得到有效的释放。因此，在篮球教学过程中，课程设计应从学生的角度入手，营造一个轻松愉快的氛围，游戏教学形式有利于提升篮球的教学效果。

2.游戏教学对篮球教学方法的创新

热身活动是一堂体育课的必要环节。在传统的篮球课堂中，热身活动往往是通过慢跑和徒手拉伸的形式开展的，教学形式枯燥，而且不能达到良好的热身效果。将热身与游戏结合起来，能够激发学生的运动兴趣，使学生积极主动地参与到篮球运动中，增强热身效果。热身游戏的形式主要包括两种，一种是针对提高学生身体协调性和柔韧性的体育游戏；另一种是各种球类游戏，以提高学生的控球能力。但是，在备课活动中不要玩得太多，造成学生身体消耗过多，影响下一个教学过程。

篮球技术是篮球运动的重要组成部分。技术教学过程中游戏的引入应遵循适量、适时的原则。对于新技术的传授与学习阶段，不适合引入游戏，原因在于学生对于新技术的掌握还不够熟练，游戏教学的形式会使学生对动作的认知产生一定的偏差，进而影响正确技术动作的学习，此阶段应在教师的指导下，主要进行动作的练习。在学生充分了解技术动作要领，并初步掌握动作后，在巩固和提高阶段，可以适当地引入游戏，以缓解学生反复练习单个动作的疲惫与厌烦，进而巩固技能，逐步达到精准化、规范化的水平。当学生熟练掌握技术动作后，为了提高学生对于技术的实践应用能力和竞争力，可以将篮球竞赛引入教学中，提高学生的篮球技术和实战能力。

篮球战术是篮球运动的另一个重要组成部分。由于战术需要学生之间相互配合，篮球战术的教学在篮球课程中是一个难点。因此，在篮球战术教学中引入游戏应以提高学生间的协调配合为目的，如可以将学生分为两组，开展"人盯人防守游戏"，两组学生交替担任进攻方和防守方，充分练习学生的进攻和防守能力，通过队友间的协调配合，提高学生的合作意识以及篮球战术的应用能力。

放松活动是一堂体育课的最后环节，但却是一个必不可少的部分。放松活动的目的就在于使学生的体能得到有效的恢复，减缓疲劳。游戏能够使学生在轻松愉悦的氛围下进行放松，从而达到更佳的放松效果。

事实上，篮球运动在大学校园中是一项非常受欢迎的体育项目，但篮球课的教学效果却比较差，不能满足学生对于篮球的基本需求。其原因主要在于教学方法相对单一，缺乏趣味性，不能充分激发学生参与篮球运动的积极性，同时教师没有注重学生的主体地位，不能通过篮球来提高身体素质、篮球技能或得到快乐。由此看来，改善传统教学中存在的问题是很有必要的，教师应当在教学方法上勇于创新，不断将新的技术引入篮球教学中，同时要注意学生才是课堂的主体，努力提高学生的运动兴趣及教学质量。

第六章　高校篮球教学创新优化研究

随着我国高校体育教学改革的步伐加快，高校篮球教学与训练方式也得到了进一步改善，但高校篮球的教学模式仍存在着一些由于传统惯性留下的教学弊端，在方式、方法上面缺乏创新、裹足不前。这就造成了高校篮球教学模式与教学改革和学生的需求不一致的情况。本章将从高校篮球的教学改革入手，主要阐述高校篮球教学中的信息技术应用、高校篮球教学中引入拓展训练的分析以及高校篮球教学模式多样化的探讨等内容。

第一节　高校篮球教学中的信息技术应用

一、高校篮球教学的创新研究

（一）高校篮球教学的现状

1.传统教学体系的弊端

高校篮球教学与训练依旧没有摒弃传统教学模式中的弊端，在教学内容的设置中，仍然按照基本姿势和步伐等基础技术来进行训练。实践教学时，教师往往采用传统的动作示范、动作修正、实践演练的过程来进行教学实践。这种教学方式刻板、单一，没有考虑到学生的学习需求，但仅仅进行简单的知识传授是无法达到根本的教学目标的。如此循环往复的枯燥训练只会让学生对篮球学习失去兴趣，打击了学生参与篮球训练的积极性。

每个大学生的生理条件、心理条件和篮球基础不同，这就要求教师根据不同的个人情况安排不同的篮球教学和训练项目，以教材为基础进行教学。除此之外，目前高校篮球教学中，教师未能完全掌握学生身体素质和篮球技术的差异，基本上仍然只属于整体教学，严重忽视个体差异，未能保证教学方法的准

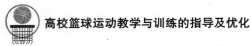

确性，未能提升学生的一般水平，因此这种教学方法难以达到预期的效果。

2. 专业理论知识的匮乏

篮球理论是支撑篮球教学与训练的专业框架，同样也是其形成的基石。在教学过程中一旦缺乏理论知识作为教学基础，篮球教学与训练就会陷入阶段性的困境，无法达到篮球教学目标。在许多高校的教学实践中，由于缺乏专业理论框架的支撑，导致实际教学中问题频发，难以真正提高学生的综合能力。此过程会导致学生学习信心的下滑，失去对篮球的兴趣与热情，最终造成恶性循环。

目前，高校篮球教学与训练缺乏规范、准确的评价体系，或者仅停留在对学生理论知识、身体素质和技术动作的评价层面。这种教学评估是极其不完整和有偏见的，这并不反映教育效果的机会和真实性。不完整的评价也容易引起人们对教学效果的错觉和学生的意识形态分歧，很难适应高校篮球教学和训练的发展。因此，有必要建立与结果相对应的科学评价体系。

3. 教学手段的单一

在高校篮球教学改革的大背景下，仍然有很多高校教师对于信息技术融于篮球教学模式的运用不够充分，在实际中的教学呈现基本停留在表面，没有对多媒体教学手段进行深层次挖掘，造成了课堂教学手段单一的情况，教师并不能通过声音、画面、图像等多媒体形式来进行教学模式的丰富、创新。多媒体教学手段可以弥补传统课堂中示范讲解的不足，可以营造一个愉快的学习氛围，调动学生学习的主观能动性。

（二）高校篮球教学改革的创新原则

高校篮球教育改革必须遵循以下三个原则。

①客观性原则。客观性原则是研究篮球教学与训练的基本性质、规律、运行机制和运行事实。坚持这个原则就是坚持实事求是的态度。从篮球教学和训练的客观事实出发，真实反映了篮球教学和训练的真实本质。

②优化原则。教育优化的原则在于对制约篮球教学和训练效果的各种因素实施综合控制，优化教学，从而取得最佳的教学效果。

③科学性原则。科学性原则包括尊重篮球教育和训练的客观性和规律性，反对主观性、偶然性和表面性。

（三）高校篮球教学的创新实践

1.理论与实践相结合，创新教学模式

为顺应体育教学改革的大潮，传统的教学模式已经不足以应对学生的学习需求与教师的教学需求，那么创新传统教学模式则成为现在亟待解决的问题。这要求教师在课堂实践中要考虑学生的接受程度与需求，切实为教学做好十足的准备，以学生为课程主体。教师要主动创新教学模式，依靠现代的信息技术与多媒体手段对课程内容与程序进行合理的设置，激发学生参与课堂的热情与积极性。

篮球理论教学对篮球训练的教学和实践具有重要的指导作用，篮球实践是篮球理论的重要载体，实践与理论的发展是相辅相成的。在高校篮球教学和训练中，理论课和实践课应该同步进行，兼顾理论学习和实践学习的时间，避免重实践轻理论，甚至是理论教学缺失的情况，这要求教师在教学和训练中要有对理论和实践的深刻理解，以及对理论篮球教学重要性的深刻认识，并使大多数学生也有正确的认识，通过双方的共同努力，最终实现理论和实践的普遍提高。

2.遵循以人为本原则，建立科学评价体系

高校篮球教学与训练应以学生为中心，以提高学生综合能力为最终目标。学生是篮球教育课程的承担者，没有学生，教学和训练就难以开展。这就要求教师先从思想上树立起以学生为中心的教学和训练理念，只有解决好思想问题，才能保证具体的教学和训练，切实关注学生的个体需求，而不是建立在理论层面或口号层面上。此外，教师要注意教学计划与学生具体目标紧密结合。篮球教学计划应处处体现人文关怀。在教授学生基础知识和篮球基本技能的基础上，教师还应该教会学生如何学习、如何发展、如何全面提高个人素质。

一些高校的篮球教学和训练停滞不前的原因是评价体系不合理，难以发挥评价体系的效力。要建立高校篮球训练教育评估体系应首先建立全面的评估内容，打破传统的浅层次评估，对学生的学习态度、理论知识、技能和水平的提高进行深入评估，真正体现教学和训练的效果，并能起到纠正训练中的错误和不良习惯的作用。同时，人们必须重视对过程的评估，并在一个教学周期内，根据教学进度和实习的特点，建立全面的过程评估体系，以反映评估的过程和准时性。通过建立多层次的评估体系，可以有效增加师生之间的向心力，树立挑战更高篮球教学目标的理念，相互合作，在互信中努力快速提高篮球教学和训练质量。

3. 避免教学方式单一，利用多媒体进行辅助教学

在训练篮球基础和技巧时，教师应该给学生的整体综合素质和篮球掌握情况做一个准确的评估，以获得有参考性的理解，确保课程项目的进度。在篮球训练中，教师应该对一般的、僵化的教学模式做一个调整，应该进行有针对性的分组训练或者是个别训练。依据每个人的课堂训练情况，制订不同的教学计划，使教学环境得到改善，使教学质量有一个显著提升，实现不同层次学生的共同进步，从而带动篮球教学和训练水平整体提高。

在实际教学中，应该更新旧的教学方法，给学生一个轻松、愉快的学习环境。因此，教师要恰当运用现代计算机技术带来的先进成果，充分利用多媒体技术培养学生主动学习的意向、学习的愉悦感、学习的动机以及学生对问题的解决能力，以期产生积极的变化，如此不仅可以让学生学到比较丰富有趣的篮球知识，而且提高了教师的教学效率，增加了学生实践的机会，激发学生的学习兴趣，使他们主动去学习篮球知识和技能。教师要将篮球教学训练方法与现代的科学技术紧密结合，让现代科学技术为篮球教学与训练服务，发挥出科技效力，不断提升篮球教学与训练质量。

教师应当应用当代的计算机研究成果，利用现代的多媒体设备来保证学生的学习意图、学习乐趣、学习动力，调动学生解决问题的能力，这样不仅能够让学生学到更多的、有趣的篮球知识，还能对教师工作的进步有所帮助，提升学生动手操作的能力，刺激学生的学习热情，让他们主动去了解篮球知识和篮球技能。教师要将篮球技术教学与现代科学技术结合起来，用现代化的技术为篮球项目服务，以科技力量改善教育环境，提升篮球教学的训练质量。

二、翻转课堂应用于高校篮球教学的实践与探究

随着翻转课堂理念深入高校教学，翻转课堂教学模式也逐渐被推广应用到高校篮球教学中。在高校篮球教学中应用翻转课堂教学模式可促进学生综合素质发展，深化其对篮球运动的认识，培养其体育精神，使所有学生投入篮球教学活动中。

（一）翻转课堂概述

翻转课堂指的是教师利用现代的多媒体设备和相关信息技术，让学生提前了解自己即将学习的课堂知识，指导学生预先准备好课堂知识，好在课堂上进行讨论，展开练习，让学生更容易理解和吸收学到的新知识，来提高课堂教学有效性的教学形式。翻转课堂可以让学生通过练习更真实地学习，让他们的学

习主体地位得到发挥。利用翻转课堂进行篮球教学，对提高学生学习篮球的兴趣，帮助学生掌握基础知识和发展篮球技术，让他们在课堂上充分实践所学，获得丰富的篮球学习经验，帮助学生更好地掌握篮球技术和相关知识，提高学习效率，大大提高教学效果，实现体育教学的目标意义重大。

（二）翻转课堂应用于高校篮球教学的可行性探究

1. 完善教师教学行为

如今，随着中国教育制度的不断改革，新的教育理念不断出现，教师在教学中的地位得到了重新界定。在传统的教育模式中，教师总是掌握教学，主要采用自主的教学方法在课堂上进行教学，即在课堂上向学生传授知识。教育体制改革后，教师在教学中的地位发生了变化，课堂教学模式更新，教师的任务主要是在学习过程中引导学生，激发学生的自主学习意识。在开始课堂教学之前，教师应该向学生提供他们要学习的内容，并在教学过程中有意识地组织学生对课堂知识进行研究和讨论，学生可以提出问题，教师及时回答学生的问题，以确保学生能够理解知识点。同时，在传统的教学模式中，教学风格和教师素质直接限制了课堂教学的有效性，而随着翻转课堂的进行，学生可以在课堂教学之前就掌握相关知识，所以教师只是对学生起到指导作用。这种教学模式要求教师有足够的教学策略来恰当地分配课堂教学内容。

2. 增强学生主观能动意识

一般来说，在大学篮球教学过程中，教师需要根据实际教学内容，将课外学习材料与多媒体信息技术相结合，合理应用，以保证篮球教学能够达到预期的学习效果。对学生来说，翻转课堂可以让他们更加直观地感受到篮球的魅力，提升学生对篮球的热情。与此同时，这种新的教学模式不仅能够提高高校篮球教学的质量，还会增加学生对篮球知识的理解，增加学生的自主意识和基于学生兴趣的学习动力。相对而言，传统的教学模式不利于学生消化吸收知识，因此学生无法全面熟练地掌握篮球基础知识和专业技能，且教师难以监控教学进度，容易导致学生思维僵化，达不到预期的教学效果。在高校篮球教学中使用翻转课堂教学模式可以提高学生学习篮球的自主性，使他们主动掌握篮球知识和相关技能，然后独立复习知识和技能。在课堂教学过程中，学生遇到问题也会主动地提出来，经过与教师和同学的一些重要讨论得到解决。

3. 提升学生自主安排时间能力

通过转变课堂教学模式，教师将利用几种相关的课外资源来教授和拓展学生的篮球知识。学生通过自主学习篮球相关视频资料，可以显著提高学习效果，巩固篮球知识，逐步学会合理组织时间，提高其课外学习时间安排能力。同时，长期的自主学习也可以提高学生探索和构建自己的篮球知识体系的能力。同时，翻转课堂教学模式激活了高校篮球教学的形式，场地不再受限，为学生的自主学习提供了有利的条件。

（三）翻转课堂应用于高校篮球教学的优化策略

1. 教师提前做好课程规划

教师的课前准备有助于他们实现课堂教学目标。为了使高校篮球教育更加合理，教师应事先备课。备课前，教师首先要了解每个学生的具体情况，明确教材和学生个体差异。任何一个班级，都有身体素质好的学生和身体素质差的学生，了解到学生之间的身体和性格差异则教师就可以基于这些差异进行教学。同时，教师应采用多种教学模式，丰富教学内容，提高教学效率，防止因教学方法单一而降低学生学习篮球的兴趣。比如某大学教授根据学生的特点进行分类，针对学生没有足够的学习篮球的动力的情况，在备课上做出了合适的课堂计划，不断创新篮球的教学方式，激发学生的学习兴趣。对于对篮球缺乏热情的学生，教师应抓住他们的特点，在课堂教学中加入篮球比赛视频，并使用多媒体设备分享讲解，让他们有时间了解篮球知识的要点，让他们充分谈论对比赛的态度和看法，这不仅可以增加他们对篮球的热情，也可以让他们充分了解相应的篮球知识。因此，教师在篮球教学前做好准备工作，可以有效提高翻转课堂教学效率。

2. 运用网络资源，优化教学内容

为了改变高校篮球教学模式，达到预期效果，教师必须结合当前流行的网络视频模式进行教学，积极研究网络视频制作模式，利用网络视频对学生进行篮球教育，激发学生对篮球的热情，保持他们对篮球的兴趣。但在用在线视频资源进行教育时，教师必须小心控制视频的长度，尽量不要超过15分钟，以免降低学生观看视频的兴趣和热情。同时，教师在选择网络资源时，应该有意识地控制网络资源内容的难度，这不仅可以让教师以篮球教学内容为出发点，了解学生的心理状态，选择学生能够理解的篮球视频资源，还可以提高学生的篮球教育和体育意识。教师需要充分利用在线教育视频以及图像和音频等其他互联网资源开展教学工作，以增加教学的多样性。例如，在讲授篮球教学内容时，教师必须根据翻转课堂的特点和学生的认知与思维能力，结合各种在线教学资

源，利用多媒体设施记录视频篮球教育的内容，视频应包含适当动作的分解图像，以便学生更好地理解视频的要点。此外，在将在线视频资源整合到篮球教育中之前，教师必须向学生传授篮球游戏和规则，使其建立正确的篮球规则，加强篮球教育，帮助学生了解篮球运动的规律。

3. 设定课堂任务

翻转课堂教学模式在高中篮球教学中的应用，更重要的是明确课堂教学中相应的课堂教学学习任务。通过发布课学习任务，教师可以及时了解学生的学习状况和学习情况，为之后的教学进度提供基础条件。因此，当教师布置了教学目标后，学生就可以将教学任务带到篮球学习中，有了明确的学习目标，可以进一步提高学生课堂学习的有效性。例如，教师可以建立一个适当的学习目标，将学生组织起来，让学生带着目标学习篮球。为了提高学习效率，教师可以通过结合在线视频资源和多媒体设备对学生进行分组和补充教育，如此大大提高了篮球教育的效率。

三、信息技术与高校篮球教学的融合

信息时代的到来为教育界带来了一些新的变化，篮球教学与信息技术有了更深度的合作，拓宽了高校教学模式的思路，随着篮球教育的不断向前发展，高校的篮球教学工作创新力度也有了新的发展。将篮球教学和现代信息技术相结合，有利于改变以往单一的教学模式，创新教学方法，创造一个良好的教学环境，增强学生对篮球的兴趣，提升教学质量，提高学生的学习效率。

（一）国内高校篮球教学信息化发展的问题

1. 对篮球信息化教学的理解不到位

目前，许多篮球教师认识到了信息技术在篮球教育中的应用价值，他们认为信息技术可以提高学生参与篮球学习的兴趣。然而，许多教师仍然坚持传统的教学方法，认为传统的教育模式更适合教学，可以在课堂有限的时间内向学生传播更多的信息，同时增强他们应用信息技术的热情。

2. 高校篮球信息化教学方法单一

目前，高校篮球信息化教学方法的选择并没有从信息化教育实践的需求出发，这是因为对不同阶段的教育目标、教育计划和教学对象的特点缺乏分析。许多教师更加重视篮球技能教学，缺乏对篮球教学方法应用的评价，忽视了学生在教学过程中的独立地位，不适应篮球信息化教育。

3. 高校篮球信息化教学效果不佳

篮球教育作为一个传统体育部门，要求学生具备篮球理论基础，以及一定的篮球技能。从目前篮球教育的现状来看，教师侧重于技能教育理念，往往在行为示范后就组织学生进行模拟和练习，不了解学生的掌握情况。除此之外，评价中的重视程度明显高于实战训练，不利于提高篮球信息教育实践的有效性。

4. 高校篮球信息化教学配置不完备

如今，许多高校已经开始完善篮球教育信息教育硬件，并取得了一定的效果。然而，相关管理系统和篮球信息教育保障系统的建设硬件条件十分滞后，如管理计算机化教育应用的系统方法不足，一些信息设备被误用和使用，或者出现设备闲置的问题。篮球信息化教育不仅要改善硬件条件，还要加强教育硬件和软件协同发展。此外，必须充分展示现有教育技术环境的作用，提高篮球信息化教育的效率。

（二）如何在信息时代进行高校篮球教学创新

1. 改变教学观念和模式

可以说，改变教师落后的教育理念是提高教育质量的重要因素，如何提高课堂的吸引力是教师应该关注的重要问题。

在开始上课时，教师应向学生介绍他们要学习的内容和学习需求，以及他们的每周锻炼目标和要达到的身体效果，使他们适应篮球教育及其效率和效果，并将所学的技能应用于实践而不是纸上谈兵。为了实现这一目标，教师可以使用移动软件记录学生的完成情况，以管理学生课堂练习，教师可以应用更多的教学辅助工具来锻炼学生的体力，培养学生的独立性。

教师也要改变以前很不关注学生个性的情况。因为只有学生对篮球感兴趣，才会让之后的教育更顺利，才能使学生意愿上更能接受。教师希望学生通过观看职业篮球比赛等方式感受篮球的魅力，改变学生对篮球的传统印象，使他们参与各种形式的练习和学习。

2. 利用篮球相关的网络资源

通过互联网，以前教师和学生的立场不平等状态有了改变，学生可以自由辩论，学生的参与性和积极性大大提高，学生的主体学习地位得到加强，教师可以了解学生的个人情况，了解学生的篮球基础和学习进度，改进和改善他们的教育方法。例如，老师可以上传学生的竞赛视频，从旁观者的角度分析他们的进步和错误，评论学生，与学生开展平等的讨论，鼓励他们在交流中共同进步。

3. 建立多元化的评价体系

为了更好地促进教育的发展，教师将与学校和其他组织合作，提供评估平台，允许学生就教育的问题和发展发表意见，并关注教育中的客观不足。除了对教师和学生的评价，还应该强调学生之间的相互评价。团队合作是篮球运动的重要组成部分。通过互相评价，学生可以识别、纠正篮球训练中不够完美的细节。

从教师的角度出发，应该改变过去的无差别的、模糊的评价习惯，从专业的角度对学生的学习情况做一个分析，让学生意识到自己空缺的部分和没有熟练掌握的部分。

（三）信息技术在高校篮球教学中的应用

1. 视觉媒体与篮球教学的融合

人们对外界事物的感知来源于视觉，视觉媒体的出现改变了传统单一教育的模式，拓宽了获得知识的教育途径，可以帮助学生理解课堂知识。

2. 听觉媒体与篮球教学的融合

听觉媒体是通过声音传递教育信息的技术，是对视觉媒体的补充。一般来说，视觉和听觉媒体相结合刺激人体感觉器官，可以达到知识转移的目的，增加学生对知识的理解。

3. 视听结合教学

在计算机教学过程中，教师能将运动中的每一个瞬间都展现在屏幕上，也就能将细节放大，不会存在传统教学中混淆、模糊的状态，教师的主导地位也降级到了一个辅助地位的位置。数码相机主要是将练习的一些特定瞬间记录下来，可以将学生表现出色的和不规范的地方清晰地记录下来，优势在于其方便携带、操作简单，是视听结合教学的补充。从时间上讲，视听结合教学在具体操作上也具有灵活性，体现了学生在学习过程中的主导地位，同时也缓解了教师在教学过程中的压力，提升了教学质量和学习效率。

第二节　高校篮球教学中引入拓展训练的分析

一、拓展训练思维应用于高校篮球教学的可行性分析

（一）拓展训练思维方式概述

拓展训练在第二次世界大战期间已经得到了一定程度的发展。拓展训练包括不同形式的内容和主题活动方法，以有效实现自我提升和人格训练。随着科技与文明的进步，许多国家在推进教育实践的过程中，将拓展训练与体育课程教学相结合，明确拓展实质性内容要求，同时在教学实践中取得更好的效果。我国也已开始从宏观角度研究学生的心理和生理，并将扩大培训与学校教育的当前内容相结合。通过相关理论分析和实证调查人们可以看出，拓展训练得到了教师和学校的好评和认可，但与其他国家相比，我国拓展训练仍处于发展的初级阶段，教学的真实质量和教学的有效性不容乐观。学校应当从大局角度出发，从不同的层面、角度使拓展训练发挥出更大的价值与潜力。

（二）宏观教学要求的可行性

我国相关文件明确指出，大学体育课程的目的是提高学生的身体素质和文化素质，因此必须严格遵循教育的一般原则。通过在篮球教学中引入训练思想，教师可以通过模拟环境和挑战项目来达到培养学生基本身体文化素质的目的，并在训练活动中充分观察和了解学生身体素质的发展情况，最终建立合适的篮球教学方法，从而更好地促进学生的个性发展。因此，从大局出发，将拓展训练应用于篮球教育是大势所趋。

（三）微观教学要求的可行性

篮球教育引入拓展训练思维模式和精细化教育需求的实施可能性分析主要集中在教育方法和教育内容的实施可行性分析上。我国篮球教学中的拓展训练实际上是一种基于篮球场地器材的互动式实验教学方法。与传统教学模式相比，其教学内容更加丰富，教学方法更加灵活，也更加重视学生的个性、独立性和体验，有利于学生个性、团队意识和创新技能的发展。因此，对篮球理念和教育方法的补充创新进行训练开发是完全可行的。拓展训练非常适合新老教师，这也决定了拓展训练理念在篮球教育中拥有巨大的执行潜力。一名教师并不总是将各种篮球比赛引入篮球教学，拓展训练不仅仅是通过以往的教育经验来改

进和整合更多的篮球比赛，教师还需了解拓展训练的规则，为项目的实施提供有力的技术支持。拓展训练的实施有助于优化高中篮球教学方法，提高当前篮球教师队伍的质量。因此，对于篮球教师来说，他们在高中篮球教育的发展和训练中完全可以胜任教练的角色。

（四）高校篮球教学引入拓展训练的意义

篮球是一种团队运动，作为一种特殊的训练，个人可以在参与和练习的过程中培养良好的合作精神，可以不断提高自己的技能和个人实践水平。如果篮球课以更传统、机械的模式进行，学生将无法真正认识到篮球的乐趣和本质，课堂学习的效率和质量也不会乐观，也无法提高篮球技术。除此之外，如果教师能够从当前的训练发展入手，通过训练发展与篮球教育结合，促进教育模式的有效改革和推进。结合相关实践调查，人们很容易认识到篮球训练对参与者个人意识和团队精神的形成起着重要作用。教师可以采取比赛和游戏的形式，帮助参与者理解篮球训练的本质和要求，与团队成员建立相互信任和理解的关系，促进团队合作，确保个人在实践和实践过程中不断超越自己的极限，挑战自己。

1.顺应篮球教学改革趋势

作为一项集体运动，篮球技能是球队良好发展的基础，但是要实现更高的目标，我们必须着眼于集体利益，培养学生的团结合作意识，将篮球运动提高到一个更高的水平。因此，在高校篮球教学中引入拓展训练，培养学生的合作素养，激发学生对篮球的兴趣，是对传统篮球教学的深刻变革，也是满足篮球发展需求的重要教学方法。

2.加强学生学习自信心

有教师在篮球教育中引入了拓展训练方法，使学生与学生、学生与教师之间可以进行互动和交流，并提高他们相互交流的能力，以增加他们在篮球运动中的团队协作能力。更重要的是，拓展训练可以帮助学生培养自信心，帮助学生克服篮球训练中遇到的问题和挑战，激发学生的潜力和精神力量。与传统的篮球教学方法相比，拓展训练方法可以丰富教学内容，让学生在篮球训练中获得不同的身心感受，让学生感受到与篮球相关的愉悦和荣耀。

在篮球教学中引入拓展训练方法极大地调动了学生参与篮球学习的积极性，促进了学生身心的健康发展。为了增加每个学生学习篮球的自信心，教师应该组织学生进行具体的训练，根据学生各自的特点，在完成相应的训练任务时，增加学生的自信心，增加学生的团结和意识。

3. 促进学生团队协作意识的形成

目前，大学生主要是 90 后。这个年龄段的学生大都是独生子女，个人化倾向更加严重，缺少团结和合作的良好意识。团结合作意识已经是当代社会人才综合素养的重要组成部分，加强对大学生团结意识的培养成为篮球教学的重要目标。

在篮球教育中引入拓展训练方法，可以使学生形成团结协作的意识，使学生能够进行更困难的集体项目学习，感受完成训练任务的压力和困难。同时教师组织学生作为一个团队完成训练任务，在完成训练任务时，学生可以感受到团队的力量，培养他们的团结意识。学生形成良好的团结合作意识，认识到队友的能力，建立相互信任的亲近关系，这就是高校开展篮球教学和在教学中引入拓展训练的意义所在。

（五）现代篮球教学改革需要拓展训练的引入

篮球教学中的大多数训练主要集中在体能训练上，教师没有注重宏观指导发展学生具体有效地训练，忽视了学生的心理感受，导致学生在学习和练习过程中对体育锻炼失去了兴趣和热情，无法真正体会到篮球训练的乐趣和价值。教室里的实践教学非常枯燥。拓展训练可以以抵抗和激烈对抗为中心，以提高学生的社会适应能力和不断促进学生的协调全面发展为出发点，以项目的核心精神为关键，使学生在参与和实施的全过程中真正认识到团队合作的价值和作用，打破传统篮球教学的不足。由此可见，拓展训练可以不断改进现有的篮球教学模式，使训练内容与训练方法有效匹配。

二、拓展训练思维应用于高校篮球教学的必要性分析

（一）现代篮球教学改革的内在要求

长时间的应试教育使我国高校的教师在进行教学实践时遇到了很大的局限，平常的课程针对的核心主要是体能训练和战术，但对于学生心理上的关心和引导是缺失的，忽视心理因素导致一部分学生在学习和实践中丧失了对篮球的兴趣和热情，不能体会到篮球项目的趣味。加入拓展训练使实战进入教学环境，能够有效提高学生的社会适应能力，促进学生的协调发展，其中最主要的是培养学生团结合作的能力，突破传统篮球教学上的单一作战局面。从这里人们可以看出，拓展训练是篮球教学的一大进步，能够使训练内容与训练方法有效结合。

（二）顺应当代大学生的体育价值观

在新时代背景下，学生的体育价值观发生了重大变化，学生开始结合个人发展的实质性需求，积极参与不同的篮球运动训练和实践，真正认识到篮球教学的重要性。学生对一些充满激情体育赛事非常感兴趣，同时希望在积极参与的过程中提高个人的社交技能。篮球拓展训练涉及的内容和形式非常实用及丰富，与学生的现实生活密切相关，教师可以采用灵活多样的方式指导学生训练。丰富的训练形式能够引起学生的注意，使文化体育资源与教育系统紧密结合。因此，在高校篮球教学中引入拓展训练可以满足学生的发展需求，保证学生在积极参与的过程中实现个人和整体成长，提高学生的团队合作能力和协调发展能力。

（三）有利于增强学生的自信心以及个人潜能的挖掘

与其他培训模式相比，拓展培训的互动性和体验性更加明显，教师可以采用多种内容形式和教学方法主动引导学生，组织和实施形式多样的训练，让学生通过训练获得精神愉悦。由此可见，这种以学生为中心的教学模式更符合我国素质教育的真正要求，可以保证教师在教学实践过程中尊重学生的个性，不断提高学生的身体素质。除此之外，如果在微观尺度上进行分析，篮球发展方式的独特性和新颖性相对明显。教师可以通过竞赛和比赛有效地引导学生，不断调动学生的积极性，让学生将时间和精力聚集在拓展训练上，以达到个人心理素质的健康水平。

三、高校篮球教学引入拓展训练的策略

（一）高校篮球教学实践与拓展训练融合

在大学篮球教学中，教师应把篮球练习的内容，如运球、投球和防守，与拓展训练充分结合起来。通过拓展训练，可以强化学生的篮球技能，从而使其更好地理解和掌握篮球技能。例如，在训练学生的防守能力时，教师可以根据学生的学习和理解能力，采用合力冲击训练方法为学生制定合理的防守训练任务，让学生锻炼自己的个人防守技能。将篮球专项技能融入训练发展中，不仅可以让学生对拓展训练产生浓厚的兴趣，还可以很好地完成训练任务，取得理想的训练结果。

（二）高校篮球教学与拓展训练游戏融合

在训练的发展中，教师可以通过游戏组织学生进行专项训练，将篮球教学与训练游戏方法的发展相结合；通过游戏激发学生的学习兴趣，调动学生参与训练发展的积极性，最终增加学生对拓展训练的理解，以掌握篮球技能。例如，固定射击训练时，教师可以将游戏融入训练，允许学生组成不同的投篮队，而其他小组可以用大声地呼叫和夸张的身体动作干扰防守或干扰射击练习。根据训练任务的要求，投篮队必须完成规定的训练任务才能不被老师处罚，处罚通常为俯卧撑。在这种游戏训练模式下，学生可以提高抗投球干扰的能力，而其他小组可以提高防守能力，每个小组成员可以通过集体项目提高团队合作意识，这有利于提升学员的整体素质。

（三）篮球理论知识与拓展训练融合

现阶段，我国正在加快拓展训练的发展。高校在展开篮球教学时，必须结合具体情况，整合篮球理论知识和拓展训练。为了取得理想的教学效果，高校可以组织学生参观和学习高水平篮球队训练，向专业教练员学习高水平的理论知识，最终加深对篮球知识的理解和掌握。篮球教师应重视对篮球理论知识的讲解，积极推进拓展训练。教师应以理论知识为基础，为学生制订合理的发展计划，让学生在训练发展中学习篮球的理论知识。

四、拓展训练应用于高校篮球教学的作用

（一）建立完善的拓展训练基础

高校篮球教学可以通过拓展训练建立健全训练体系，并在训练发展的基础上，使教师和学生在训练过程中提高自身的教学水平和篮球技能。

随着篮球教学训练的拓展，教师应培养学生的团结合作意识，在教学中根据项目内容组织学生进行有针对性的训练。根据学生的主导水平，教师可以跟踪教学进度，将其他项目插入教学，让学生迅速改变主意，在不同的项目中锻炼自己，以增加其对篮球训练的理解。最后，教师应根据学生的培训状态和完成效果，制订更合理的培训计划，改进和优化后续培训内容。通过不断扩大培训，教师总结学生的培训结果和任务完成情况，为培养学生的意识、协作、技能奠定坚固的基础。

（二）丰富高校篮球教学内容

将拓展训练项目融入篮球教学之后，教师应明确学生必须首先完成的学习内容。教师应该为学生开发扩展有趣的训练内容，如"心心相印"、赶"猪"上圈，不仅让学生练习篮球技能，并培养其团队意识。在趣味性开发和训练中，学生不仅感受到了拓展训练的乐趣，而且提高了学生的团结协作能力，丰富了篮球教学内容。

例如，在碰板接龙的拓展训练中，教师将学生分为不同的小组，每个组具有不同的运动技能和不同的篮球技能。听完教师的讲解后，学生将分组进行训练，以训练学生的综合能力。

（三）加强学生实践应用能力

通过在篮球教学中引入拓展训练，可以在团队合作中加强学生的实践应用能力。在训练过程中，教师可以增加与篮球相关的实践知识，如安全急救知识。教师在向学生讲解救援知识时，可以增加与学生的互动，让学生学习救援知识。

篮球运动发展到今天，高等篮球教育应该强调学生实践能力的重要性。在开展培训时，教师应编制适用于学生的实践培训方案，使他们能够通过培训方案加强实践能力。教师应根据对学生实践能力的理解，不断总结和探索，制订科学合理的学生继续培养计划，以提高学生的应用实践能力。

（四）推进高校篮球教学健康发展

大学篮球是体育教育的重要内容。学校应重视学生篮球运动，为学生提供优质的训练环境，并允许更多的学生参与篮球拓展训练。

学校应当以篮球教学为重点，为教师和学生制定不同的激励政策，为取得优异成绩的学生颁发奖学金，或提供实习工作机会，并给予教师必要的物质的奖励，最终促使高校篮球运动的健康快速发展。

第三节　高校篮球教学模式多样化的探讨

一、高校篮球教学现状问题分析

（一）教学手段单一，学生兴趣不足

在传统的高中体育活动中，教师的教学重点主要是篮球技能，学生通过模仿来学会相关技能。然而，在单一的长期教育形式下，这影响了学生学习的有

效性，导致学生对篮球的积极性差，学习质量差。在学习篮球的过程中，学生失去了打篮球的信心，不能保证篮球教育的实际效果。

（二）教学模式与学生需求不匹配

篮球运动既有竞技性，又有娱乐性，在多种教育模式下，可以缓解学生的压力，对他们学习篮球的整体能力有重要影响。然而，结合目前高中体育篮球教育的现状，有许多独特的教育方法与教育指导活动不能结合大学生篮球学习的实际需求实施和开展。学生对篮球的学习需求可能与具体的教学活动不对应。学生社团在接受被动学习和知识的过程中，对终身锻炼的意识的形成产生了负面影响，无法获得能够理想的教育效果。

（三）教学评价体系不客观

现在许多大学都根据考试结果来评价体育篮球教育，并确定学生的整体能力，尤其是在学期中或期末，这样的教育评价模式是片面的。

篮球教育评价需要人们关注学生的整体性质和专业水平，教育评价体系不客观就会影响评价的现实性和范围，很难真正展示篮球教育在高中教育的作用，也不利于学生整体素质提高。

二、多元化教学模式在高校篮球中的应用

（一）结合信息技术优势，树立正确教学价值观

篮球教育的目标是提高学生的身体素质，使其保持过硬的心理素质，感受锻炼的趣味，形成终生锻炼的意识。在教学中，教师需要树立积极的教育想法，不仅要关心大学生的篮球技能水平，还要让学生感受到篮球的吸引力，形成积极向上的心理趋势。

教师将多媒体与教育相结合，利用各种教育资源创造多样化的教育环境。比如在学生学习"三步上篮"技术的过程中，教师可以利用多媒体技术再现具体的"三步上篮"驾驶技巧、弹跳技巧等。在教学过程中，可以通过慢速回放和重复回放等方法提高学生对篮球技能的理解。教师也可以放视频剪辑等，借由大学生对 NBA 篮球比赛的喜爱，迅速吸引学生的注意力，使其积极参与学习活动，为深入研究他们的篮球行为和操作技能提供了理想的条件。

（二）尊重个体差异，渗透团结意识

在成长和发展的过程中，由于性格和知识的不同，学生对获取和学习知识

的兴趣也不同。教师应当尊重学生间的差异，根据学生的实际情况进行"基础物质教育"。教师需要积极跟学生交流，记录学生的真实情况，激发不同学生对篮球学习的内在潜力，并对学生学习中存在的问题提供明确的指导。

篮球是一项需要团队合作和隐性承诺的运动。教师可以将五名学生分组，组织篮球练习和竞赛活动。传统的篮球教育不利于培养团队配合意识，对学生的整体实力有害。学生需要互相合作，明确学习目标。在共同研究和努力的基础上，篮球教育的质量将得到提高，篮球教育的有效性也将得到实现。

（三）建立多元化评价体系，培养学生的综合能力

多元化评价体系能够为学生的学习给予正面的价值引导，为学生综合素质的提升奠定基础。

首先，通过学生自主评估、教师评估和团队成员之间的相互评估，从各个角度和各个细节对学生进行评估，以帮助学生充分了解自己的优缺点，并进一步提高个人技能。在学生的自愿评价中，学生可以总结自身的课堂表现，比如学习期间是否积极参加各种活动，是否积极发言等。团队成员相互评价，可以帮助学生理解他人的优势，发现自己的不足，对培养学生团队之间的合作意识很有帮助。

其次，评价内容应具有多样性的特点，评价体系必须包括篮球技术、参与度、专业和学生技术能力等各种内容。通过团队测试，个人测试等，学生能够对自己的学习情况有清晰的了解，对自己的优点和缺点有充分认识。

三、构建多样化反馈教学模式

在学校体育教学中，篮球始终占据着重要地位。篮球虽然操作简单，但是若想在篮球赛事中取得优异成绩却很难。这不仅由于篮球是一种体质要求很高的活动，也由于在篮球的日常教学中缺乏科学的教学方式。因此，在篮球教学中进行多样化反馈教学很有必要。

（一）多样化反馈教学模式概念界定

多元化反馈教学法主要是基于系统论、信息论和控制论原理建立的一种教学方法，强调教师利用各种方式引导学生进行系统、愉快的学习。教学条件由"师生互动""教学内容"和"教学环境"等因素组成，与教学目标密切相关。这种教学模式需要与教学方法适当结合，同时发挥教师的主体作用和学生的主体作用，允许师生之间进行信息交流，以实现篮球教学的要求。

（二）多样化反馈教学模式构建原则

1. 明确的类比性原则

类比是常用的逻辑推理方法，在人类理性演进中起着重要作用。对于教学来说，类比是为了通过比较相似的教学模式来发现和深化事物之间的差异。只有改变教学模式，学生才能感受到哪些教学模式更适合。尤其是类似的内容，学生只有通过类比才能感受到其中的不同。

2. 积极的控制性原则

在课堂教学中，教师和学生应该保持互动，以掌握教学的节奏。师生互动需要对教学过程进行循序渐进的控制，不能限制学生的自由，忽视学生的创造能力，也不能让学生过于关注学生的主体作用，从而导致教师的指导被忽视。因此，对教学过程进行适当的控制是十分有必要的。

3. 简明的实用性原则

教学内容过于繁杂是教学过程中最忌讳的，教学模式只有简单实用才能被大多数师生接受。因此，教学重在直观的语言和图形，以揭示知识的本质，展示信息的规律。只有"以学生为本"的多元化反馈教学模式才能适应学生的身心发展。

4. 灵活的操作性原则

完成任何事情都需要程序或步骤，也就是说，新事物需要灵活才能被世界所知。对于教学来说，只有理论建设没有实践操作经验，更没有理论的灵活操作和改进。因此，多元化反馈教学理念重视基于实际操作的持续发展，要求具有较强的可操作性、实用性和完整性。

（三）多样化反馈教学模式的构建实践

多样化反馈教学的评估包括形成性评价、终结性评价、诊断性评价。评价最终是为了检测学生的学习效果，以调整教师的教学计划和安排。评价过程中的阶段性评价和形成性评价对最后的终结性评价有着重要的影响。教师通过对学生的评价来与学生构成技术联系，让学生掌握学习的基本知识和技能，能够高效地提高团队能力。教师对学生的学习技能作基础性评估，学生和老师共同评价学生的情感价值，并且随着学习的进度来分配学习的配权比重，将学生、教师和交互间的评价同时发挥最大价值，以最大方式促进学生的身心发展。

（四）多样化反馈教学程序构建

1. 建立以学生为主体的教学系统

从控制论的角度来看，教师获取关于学生篮球技术的信息，教师把信息留给学生，学生接收信息，教师反复与学生交换篮球信息。在整个篮球技术教育系统中，主要起主导作用的是教师，这就要求教师将他们的教育转化为全面的信息，并通过演示和点评来提高学生的技术水平。

2. 多样化反馈教学系统

在篮球教学过程中，信息传递总是呈现出一个多向动态的过程，教师和学生作为控制的领导者和信息的执行者，以信息输出、输入和反馈等循环的方式完成教学过程。具体来说，教师根据篮球教育的进度将内容发送给学生，学生在实施后响应教师，这表现为教师的自己反馈。教师给出评价交给学生，学生接收反馈信息。为了满足篮球技术的要求，教师应观察和理解学生，以其他方式完成创造性活动。教师的自我反馈、师生之间的反馈、学生之间的反馈和学生的自我反馈构成了各种教育反馈系统。

运用多种教育反馈方式，可以促进教育信息的多向传递，满足学生的审美获得和教师的成就感，在和谐的过程中良性循环发展。通过多种多样的反馈方式，学生可以在实践中发现并立即纠正问题，而教师则可以改进教学方法，提高教育质量，在平衡、不平衡、新平衡的矛盾运动中不断寻求制衡点。

篮球教育必须在教育过程中形成良好的互动和反馈，强调教师的自我反馈、师生之间的信息反馈、学生之间的信息反馈和学生的自我反馈。通过形式多样的反馈评价，教师和学生实现了真正的互动，这对学生技能的提升和教师教学质量的提升都有很大的帮助。

参考文献

[1] 孙民治. 现代篮球高级教程 [M]. 北京：人民体育出版社，2004.

[2] 孙民治. 篮球运动教程 [M]. 北京：人民体育出版社，2007.

[3] 孙民治. 现代篮球运动教学与训练 [M]. 北京：人民体育出版社，2003.

[4] 刘玉林. 现代篮球运动研究 [M]. 北京：人民体育出版社，2006.

[5] 王家宏. 球类运动：篮球 [M]. 北京：高等教育出版社，2005.

[6] 郭玉佩. 篮球竞赛裁判手册 [M]. 北京：人民体育出版社，1999.

[7] 唐煜章. 现代篮球训练方法新探 [M]. 北京：人民体育出版社，2005.

[8] 郭永波. 现代篮球训练法 [M]. 北京：北京体育大学出版社，2005.

[9] 田麦久，刘大庆. 运动训练学 [M]. 北京：人民体育出版社，2012.

[10] 李秉德. 教学论 [M]. 北京：人民教育出版社，2001.

[11] 于振锋，柳永青. 篮球对抗技术 [M]. 北京：人民体育出版社，2001.

[12] 唐建倦. 现代篮球运动教程 [M]. 广州：华南理工大学出版社，2014.

[13] 徐跃杰. 篮球经纬 [M]. 武汉：中国地质大学出版社，2004.

[14] 李盛，乔婉. 大众体育运动与健身 [M]. 北京：军事谊文出版社，2006.

[15] 伍兹. 篮球攻击性紧逼防守 [M]. 张雄，张学领，译. 北京：人民体育出版社，2006.

[16] 王小安，张培峰. 现代篮球运动教程 [M]. 北京：北京体育大学出版社，2007.

[17] 安蓉，王梅. 教师职业发展的特点与职业生涯规划的原则 [J]. 职业教育研究，2007（4）.

183

[18] 杨桦. 论篮球运动本质、特征及规律 [J]. 成都体育学院学报，2001（4）.

[19] 王守恒，吴庆龙. 篮球防守技术概念的诠释 [J]. 首都体育学院学报，2003（4）.

[20] 王守恒，宫鲁鸣，马猛. 中国女篮防守技战术能力评定指标体系与评定方法的理论研究 [J]. 首都体育学院学报，2006（1）.

[21] 李颖川，孙民治，于振峰. 新视角下的篮球文化内涵、现状与趋势的再研究 [J]. 北京体育大学学报，2006（6）.

[22] 王岳鹏. 目前我国高校篮球教学现状及应对措施 [J]. 教育现代化，2019（23）.

[23] 王薇. 试论常见篮球教学的训练方式和改进对策 [J]. 教育现代化，2018（46）.

[24] 周晓龙. 新时期我国篮球运动教学发展现状及改进策略 [J]. 当代体育科技，2019（8）.

[25] 向昌浩. 高职院校篮球运动教学现状与发展策略研究 [J]. 考试周刊，2016（67）.

[26] 周嘉睦. 高职高专院校篮球教学的现状与策略研究 [J]. 智富时代，2019（3）.

[27] 罗刚. 多媒体技术在篮球战术基础配合教学中的应用 [D]. 兰州：西北师范大学，2010.